治國方略十四講

金民卿　著

目　錄

定位新時代歷史方位，制定新時代發展方略

　　在黨的十九大報告中，習近平總書記堅持辯證唯物主義和歷史唯物主義，特別是科學運用主要矛盾學說，從歷史和現實、理論和實踐、國內和國際的結合上進行深入思考，對我國社會發展的歷史方位做出了一個重大的政治判斷──經過長期努力，中國特色社會主義進入了新時代，這是我國發展新的歷史方位。

一、進入新時代，標定新方位

　　近代以來，中國陷入了災難深重的深淵。一代又一代中華優秀兒女為了改變國家民族的命運，前赴後繼，不懈探索。但是，因為缺乏科學理論的指導和先進政黨的領導，中國人沒有找到正確的道路，沒有建立先進的制度，中國的命運沒有得到根本改變。

　　中國共產黨成立後，接過歷史的接力棒，在馬克思主義的指導下，領導中國人民經過艱苦卓絕的鬥爭，取得了新民主主義革命的徹

底勝利，建立了中華人民共和國，完成了站起來的歷史使命，中國的命運發生了根本改變。新中國成立後，黨又領導人民開展了社會主義革命和改造，創建了社會主義制度，實現了中國歷史上最偉大的社會變革，並在此基礎上開始探索中國社會主義建設道路。經過長期努力，黨帶領人民在改革開放新時期開創了中國特色社會主義，中華民族和中國人民呈現了全新的面貌。

中國特色社會主義是新中國成立特別是改革開放以來黨的全部理論和實踐的根本主題。中國特色社會主義走過了以毛澤東為代表的奠基時期，以鄧小平為代表的開創時期，以江澤民和胡錦濤為代表的推進時期，如今現在發展到了一個新的境界，進入了以習近平為代表的全面發展的新時代，當代中國處在了一個全新的歷史方位。

中國特色社會主義新時代具有特定的內涵，它是承前啟後、繼往開來、在新的歷史條件下繼續奪取中國特色社會主義偉大勝利的時代，是決勝全面建成小康社會、進而全面建設社會主義現代化強國的時代，是全國各族人民團結奮鬥、不斷創造美好生活、逐步實現全體人民共同富裕的時代，是全體中華兒女勠力同心、奮力實現中華民族偉大復興中國夢的時代，是我國日益走近世界舞臺中央、不斷為人類做出更大貢獻的時代。新時代把歷史與現實、目標與路徑、國際與國內貫通起來，明確了中國共產黨帶領全國各族人民發展奮鬥的新的出發點和奮鬥目標，明確了制定新的政策決策的現實依據和工作要求，同時也明確了理論創新成果的發生基礎和現實針對。

中國特色社會主義進入新時代，在中華人民共和國發展史上、中華民族發展史上具有重大意義，在世界社會主義發展史上、人類社會發展史上也具有重大意義。它意味著近代以來久經磨難的中華民族迎

來了從站起來、富起來到強起來的偉大飛躍，迎來了實現中華民族偉大復興的光明前景；意味著科學社會主義在二十一世紀的中國煥發出強大生機活力，在世界上高高舉起了中國特色社會主義偉大旗幟；意味著中國特色社會主義道路、理論、制度、文化不斷發展，拓展了發展中國家走向現代化的途徑，給世界上那些既希望加快發展又希望保持自身獨立性的國家和民族提供了全新選擇，為解決人類問題貢獻了中國智慧和中國方案。

二、面對新矛盾，迎接新任務

中國特色社會主義進入新時代，不是一個一般的現象性的判斷，而是一個本質性的判斷，是用唯物辯證法的矛盾論來分析中國主要矛盾變化的結論。

1981 年，黨的十一屆六中全會，在黨的八大正確判斷的基礎上，進一步明確了我國的社會主要矛盾——人民日益增長的物質文化需要同落後的社會生產之間的矛盾。

經過 40 年的改革開放，我國社會主要矛盾兩個方面的內涵都發生了深刻變化。一方面，人民美好生活需要日益廣泛，不僅對物質文化生活提出了更高要求，而且在民主、法治、公平、正義、安全、環境等方面的要求日益增長。另一方面，在我國社會生產力水準總體顯著提高的情況下，發展不平衡不充分成為更加突出的問題。這就意味著我國的社會主要矛盾已經發生了深刻的歷史性變化。

對此，黨的十九大報告作出了新的判斷——「我國社會主要矛盾

已經轉化為人民日益增長的美好生活需要和不平衡不充分的發展之間的矛盾。」社會主要矛盾的這種歷史性變化，是判斷我國發展新歷史方位的根本基礎和內在依據。

新的矛盾呈現出新的重大問題，這些問題突出體現在發展的不平衡不充分上。例如，產業結構有待進一步調整，民生福祉有待進一步提高，社會公共服務有待進一步增長，社會公共資源配置有待進一步合理，等等。這些問題已經成為滿足人民日益增長的美好生活需要的主要制約因素。能不能著力解決好這些新矛盾新問題，直接關乎中國特色社會主義的發展前景，直接關乎中華民族的前途命運。

面對這些問題，習近平總書記作出了「兩個沒有變」的重大判斷——我國仍處於並將長期處於社會主義初級階段的基本國情沒有變，我國是世界最大發展中國家的國際地位沒有變；提出了「三個牢牢」的實踐要求——牢牢把握社會主義初級階段這個基本國情，牢牢立足社會主義初級階段這個最大實際，牢牢堅持黨的基本路線這個黨和國家的生命線、人民的幸福線。這就是說，要在繼續推動發展的基礎上，著力解決好發展不平衡不充分問題，更好滿足人民在經濟、政治、文化、社會、生態等方面日益增長的需要，推動人的全面發展和社會全面進步，建設富強民主文明和諧美麗的社會主義現代化強國。

三、肩負新使命，開啟新征程

新的矛盾提出新的要求，新的時代賦予新的使命。中國特色社會主義新時代，中國共產黨所肩負的歷史使命，就是要在歷史性成就和

歷史性變革的基礎上，實現中華民族偉大復興的偉大夢想。

　　實現中華民族偉大復興是近代以來中華民族最偉大的夢想，凝聚了幾代中國人的夙願，是每一個中華兒女的共同期盼。中國近現代史就是無數中華兒女為實現中華民族復興前赴後繼、不懈奮鬥的歷史。進入近代以後，中國人民進行了一場場氣壯山河的鬥爭，嘗試了一次次艱辛曲折的探索，但是都沒有成功。究其根本原因，就在於沒有先進政黨的領導，沒有科學理論的指導，從而也就沒有找到正確道路，沒有建立起先進的社會制度，不能凝聚起各族人民團結奮進的力量。

　　十月革命一聲炮響，給中國人送來了馬克思列寧主義這個「靈丹妙藥」。以馬克思主義為行動指南的中國共產黨，從一成立就義無反顧地肩負起實現中華民族偉大復興的歷史使命，在近百年的歷史進程中，初心不改、矢志不渝，團結帶領人民歷經千難萬險，付出巨大犧牲，敢於面對曲折，勇於修正錯誤，攻克了一個又一個看似不可攻克的難關，創造了一個又一個彪炳史冊的人間奇跡，不斷實現偉大的歷史跨越。

　　如今，中國已經進入了中國特色社會主義新時代，比歷史上任何時期都更接近、更有信心和能力實現中華民族偉大復興的目標。但是，我們必須清醒地看到，最終實現中華民族偉大復興，絕不是輕輕鬆鬆的事情，前進的路上必須要付出更為艱巨、更為艱苦的努力。

　　實現中華民族偉大復興的偉大夢想，必須要進行具有許多新的歷史特點的偉大鬥爭，推進黨的建設新的偉大工程，發展中國特色社會主義的偉大事業。「四個偉大」之間緊密聯繫、相互貫通、相互作用，偉大夢想是目標，偉大事業是主題，偉大鬥爭是途徑，偉大工程是保證。在這裡，黨的領導是起決定性作用的，必須深入推進的黨的建設

新的偉大工程，確保黨始終成為時代先鋒、民族脊樑，始終成為馬克思主義執政黨，在世界形勢深刻變化的歷史進程中始終走在時代前列，在應對國內外各種風險和考驗的歷史進程中始終成為全國人民的主心骨，在堅持和發展中國特色社會主義的歷史進程中始終成為堅強領導核心，引領承載著中國人民偉大夢想的航船破浪前進，勝利駛向光輝的彼岸。

完成重大歷史使命，需要實實在在埋頭苦幹，需要腳踏實地接續奮鬥。為此，黨的十九大在綜合分析國際國內形勢的基礎上，科學規劃了決勝全面建成小康社會、開啟全面建設社會主義現代化國家的新征程：「我們既要全面建成小康社會、實現第一個百年奮鬥目標，又要乘勢而上開啟全面建設社會主義現代化國家新征程，向第二個百年奮鬥目標進軍。」這個新征程分為兩個階段：第一個階段，從 2020 年到 2035 年，在全面建成小康社會的基礎上，再奮鬥十五年，基本實現社會主義現代化。第二個階段，從 2035 年到本世紀中葉，在基本實現現代化的基礎上，再奮鬥十五年，把我國建成富強民主文明和諧美麗的社會主義現代化強國。

特別值得注意的是：十九大報告把基本實現社會主義現代化的時間提前了 15 年，從原來的本世紀中葉提到了 2035 年，這一個重大的變化反映了當代中國共產黨人強烈的責任意識和使命擔當；把奮鬥目標從「富強民主文明和諧的社會主義現代化國家」調整為「富強民主文明和諧美麗的社會主義現代化強國」，進一步強調了社會主義現代化一個全面的現代化，中國特色社會主義是一個全面發展的社會主義，中國一定要實現從站起來富起來到強起來的歷史性跨越；明確提出中國要成為「綜合國力和國際影響力領先的國家」，意味著社會主

義的中國要在世界上有強大的影響力和引領力，實現復興的中華民族必將以昂揚的姿態屹立於世界民族之林。

在全面闡述新征程的基礎上，黨的十九大強調，要貫徹新發展理念，建設現代化經濟體系；健全人民當家作主制度體系，發展社會主義民主政治；堅定文化自信，推動社會主義文化繁榮興盛；提高保障和改善民生水準，加強和創新社會治理；加快生態文明體制改革，建設美麗中國；堅持走中國特色強軍之路，全面推進國防和軍隊現代化；堅持「一國兩制」，推進祖國統一；堅持和平發展道路，推動構建人類命運共同體；堅定不移全面從嚴治黨，不斷提高黨的執政能力和領導水準。這些方面的重大安排，構成了新時代中國特色社會主義發展的戰略部署和重大舉措。

四、創立新思想，制定新方略

進入新的時代，肩負新的使命，開啟新的征程，需要科學理論指引。習近平總書記以巨大的政治智慧和創新勇氣，緊緊圍繞著「新時代堅持和發展什麼樣的中國特色社會主義、怎樣堅持和發展中國特色社會主義」這個重大時代課題，堅持解放思想、實事求是、與時俱進、求真務實，堅持辯證唯物主義和歷史唯物主義，緊密結合新的時代條件和實踐要求，以全新的視野深化對共產黨執政規律、社會主義建設規律、人類社會發展規律的認識，進行艱辛的理論探索，形成了重大的理論創新成果，創立了習近平新時代中國特色社會主義思想。

習近平新時代中國特色社會主義思想，明確堅持和發展中國特色

社會主義，總任務是實現社會主義現代化和中華民族偉大復興，在全面建成小康社會的基礎上，分兩步走在本世紀中葉建成富強民主文明和諧美麗的社會主義現代化強國；明確新時代我國社會主要矛盾是人民日益增長的美好生活需要和不平衡不充分的發展之間的矛盾，必須堅持以人民為中心的發展思想，不斷促進人的全面發展、全體人民共同富裕；明確中國特色社會主義事業總體佈局是「五位一體」、戰略佈局是「四個全面」，強調堅定道路自信、理論自信、制度自信、文化自信；明確全面深化改革總目標是完善和發展中國特色社會主義制度、推進國家治理體系和治理能力現代化；明確全面推進依法治國總目標是建設中國特色社會主義法治體系、建設社會主義法治國家；明確黨在新時代的強軍目標是建設一支聽黨指揮、能打勝仗、作風優良的人民軍隊，把人民軍隊建設成為世界一流軍隊；明確中國特色大國外交要推動構建新型國際關係，推動構建人類命運共同體；明確中國特色社會主義最本質的特徵是中國共產黨領導，中國特色社會主義制度的最大優勢是中國共產黨領導，黨是最高政治領導力量，提出新時代黨的建設總要求，突出政治建設在黨的建設中的重要地位。這「八個明確」，從理論和實踐結合上系統回答了新時代堅持和發展中國特色社會主義的總目標、總任務、總體佈局、戰略佈局和發展方向、發展方式、發展動力、戰略步驟、外部條件、政治保證等一系列重大基本問題，形成了一個邏輯嚴密、內涵豐富的科學理論體系，構成了習近平新時代中國特色社會主義思想的核心要義。

習近平新時代中國特色社會主義思想，是馬克思主義中國化最新成果，是黨和人民實踐經驗和集體智慧的結晶，是中國特色社會主義理論體系的重要組成部分。它堅持了馬克思列寧主義的基本原理，堅

持了毛澤東思想和中國特色社會主義的理論精髓和活的靈魂，又結合中國特色社會主義進入新時代的基本特徵和發展要求，形成了馬克思主義基本原理同中國具體實際和時代特徵創造性結合的重大理論創新成果。這個重大思想是新時代中國特色社會主義事業發展的理論指標和行動指南，是凝聚全黨全國各族人民為實現中華民族偉大復興中國夢的思想基礎，全黨同志必須牢牢堅持，認真學習領會，全面貫徹落實，使 21 世紀中國的馬克思主義展現出更強大、更有說服力的真理力量。

習近平新時代中國特色社會主義思想，具有鮮明的實踐性特點和重大的指導意義，貫穿在新時代中國特色社會主義的基本方略之中。習近平總書記根據新的實踐要求，對經濟、政治、法治、科技、文化、教育、民生、民族、宗教、社會、生態文明、國家安全、國防和軍隊、「一國兩制」和祖國統一、統一戰線、外交、黨的建設等各方面作出理論分析和政策指導，提出了新時代堅持和發展中國特色社會主義的「十四條堅持」：堅持黨對一切工作的領導，堅持以人民為中心，堅持全面深化改革，堅持新發展理念，堅持人民當家作主，堅持全面依法治國，堅持社會主義核心價值體系，堅持在發展中保障和改善民生，堅持人與自然和諧共生，堅持總體國家安全觀，堅持黨對人民軍隊的絕對領導，堅持「一國兩制」和推進祖國統一，堅持推動構建人類命運共同體，堅持全面從嚴治黨。這「十四條堅持」，體現了習近平新時代中國特色社會主義思想的精神實質和思想內涵，構成了新時代堅持和發展中國特色社會主義的基本方略。

「十四條堅持」的基本方略，同黨的基本理論、基本路線一起，是引領黨和人民事業發展的理論指南和行動綱領，我們一定要在學

懂、弄通、做實上下功夫。學懂，就是要從認識上解決是什麼的問題，真正理解每一條方略的科學內涵和重大意義；弄通，就是要從思想上解決為什麼的問題，真正把握每一條方略的來龍去脈和現實針對；做實，就是要從行動上解決怎麼做的問題，真正把每一條方略貫徹落實到實踐當中，轉化成為堅持和發展中國特色社會主義的生動實踐。這也正是我們撰寫這本書的出發點。

堅持黨對一切工作的領導

堅持黨對一切工作的領導。黨政軍民學，東西南北中，黨是領導一切的。必須增強政治意識、大局意識、核心意識、看齊意識，自覺維護黨中央權威和集中統一領導，自覺在思想上政治上行動上同黨中央保持高度一致，完善堅持黨的領導的體制機制，堅持穩中求進工作總基調，統籌推進「五位一體」總體佈局，協調推進「四個全面」戰略佈局，提高黨把方向、謀大局、定政策、促改革的能力和定力，確保黨始終總攬全域、協調各方。

一、堅持黨對一切工作的領導的重要依據

黨的領導地位不是天然的，有扎實的基礎。中國共產黨之所以能夠成為當代中國的領導核心力量，主要有兩個方面的原因：一是它掌握馬克思主義的科學真理，獲得了強大的真理力量；二是因為它得到中國最大多數人民群眾的真誠支持，獲得了強大的實踐力量。這兩大

支柱，缺一不可。

（一）黨的領導地位來自強大的理論和實踐力量

中國共產黨是馬克思主義和中國工人運動的產物，是用馬克思主義科學真理武裝起來的無產階級政黨。從一大開始，中國共產黨就把馬克思主義作為建黨立黨的根本依據和行動指南。中國共產黨從建黨開始就旗幟鮮明地把實現社會主義、共產主義作為自己的奮鬥目標。黨的二大第一次把黨在當前的目標同將來要進行的社會主義革命要實現的目標結合起來，為中國革命的正確進行指明了方向，馬克思主義因結合中國國情而顯得更有生命力了。之後，中國共產黨人繼續把馬克思主義普遍原理和中國具體實際相結合，馬克思主義中國化實現了兩次歷史性飛躍，取得了毛澤東思想、中國特色社會主義理論體系兩大理論成果。在毛澤東思想、中國特色社會主義理論體系指引下，中國人民取得了革命、建設和改革的勝利。黨的十八大以來，在以習近平同志為核心的黨中央帶領下，在實踐創新和理論創新的良性互動中積極推進理論創新。21世紀中國的馬克思主義展現了強大的真理力量，在科學理論指導下，五年間取得了改革開放和社會主義現代化建設的歷史性成就，黨和國家事業發生了歷史性變革。經過長期努力，中國特色社會主義進入了新時代。現在，我們比歷史上任何時期都更接近中華民族偉大復興中國夢的目標。

可見，正是擁有了馬克思主義的科學真理，正是堅持馬克思主義與中國具體實際相結合，中國共產黨人能夠正確認識中國的社會性質，把握中國的主要矛盾，找到改造中國的科學方法，探索中國革命

和建設的特殊道路，取得革命、建設、改革的不斷勝利，使中國特色社會主義展現強大的生命力。這是中國共產黨之所以能夠成為中國領導核心力量的一個重要根據。

　　人民是歷史的真正創造者，群眾實踐的力量是最根本的力量，獲得群眾支持，也就被賦予了最根本、最強大的權力。獲得人民群眾的支持，是因為中國共產黨堅持群眾觀點、站穩了群眾立場。正因為中國共產黨人堅持群眾觀點，在實踐中緊緊依靠群眾、發動群眾、組織群眾、教育群眾、向群眾學習，積極踐行為人民服務的宗旨，到人民群眾中去汲取智慧、獲得力量，所以能獲得廣大人民群眾的支持。中國共產黨獲得群眾的支持，除了堅持群眾觀點、具有群眾立場外，還具有可操作性的領導方法和工作路線。群眾路線就是中國共產黨總結自己長期革命經驗基礎上提出的領導方法和根本工作路線，是群眾觀點在實際工作中的貫徹運用。在長期的革命實踐中，中國共產黨把歷史唯物主義的群眾觀點同辯證唯物主義的認識論有機地統一起來，形成了「從群眾中來，到群眾中去」的群眾路線。鄧小平曾對群眾路線給予高度評價，他說：「毛澤東同志倡導的作風，群眾路線和實事求是這兩條是最根本的東西。」[1]「群眾是我們力量的源泉，群眾路線和群眾觀點是我們的傳家寶。」[2]

　　中國共產黨正是因為一貫堅持群眾路線這一傳家寶，保持黨和群眾的密切聯繫，才在革命、建設和改革中一直獲得人民群眾的真誠支持，在同心共築中國夢的征程中凝聚起磅 的中國力量。這是中國共產

1《鄧小平文選》第 2 卷，人民出版社 1994 年版，第 368 頁。

2《鄧小平文選》第 2 卷，人民出版社 1994 年版，第 368 頁。

黨之所以能夠成為中國領導核心力量的另一重要根據。

（二）黨的領導是歷史和人民的選擇

中國近現代以來革命、建設、改革發展的歷史證明，中國共產黨完全有資格、有能力成為中國各項事業的領導核心，完全有資格、有能力領導一切。

在新民主主義革命時期，經過長期艱辛曲折的探索，中國共產黨人把馬克思主義科學真理同中國的具體實際相結合，科學判斷中國半封建半殖民地的社會性質，深入分析了中國社會的主要矛盾，創立了新民主主義革命的理論和路線，開創了一條農村包圍城市、武裝奪取政權的具有中國特色的革命道路，推翻了帝國主義、封建主義和官僚資本主義這「三座大山」的壓迫，最終取得了全國政權，建立了新中國。新中國的成立，宣告了民族獨立和人民解放歷史任務的完成，為完成國家富強、人民富裕的另一歷史任務奠定了基礎。中國人從此站立起來了，中華民族發展進步從此開啟了新的歷史紀元。

隨著社會主義改造的基本完成，中國創造性地完成了從新民主主義到社會主義的過渡，社會主義基本制度在中國得到了全面確立，占世界人口四分之一的東方大國進入社會主義社會，實現了中國歷史上最偉大最深刻的社會變革，為當代中國一切發展進步奠定了根本政治前提和制度基礎，中華民族偉大復興的中國夢又邁出了重要一步。在探索適合中國情況的社會主義建設道路過程中，儘管遭受過嚴重的挫折，但從總體上說，中國社會主義建設的成就是巨大的。我們黨取得的探索成果為新的歷史時期開創中國特色社會主義提供了寶貴經驗、

理論準備和物質基礎。

　　黨的十一屆三中全會以來，我們黨緊緊依靠人民進行了改革開放新的偉大革命，開創和發展了中國特色社會主義。在我們黨帶領下，全國各族人民不懈奮鬥，我國經濟實力、科技實力、國防實力、綜合國力進入世界前列，我國國際地位實現前所未有的提升，黨的面貌、國家的面貌、人民的面貌、軍隊的面貌、中華民族的面貌發生了前所未有的變化，中華民族正以嶄新姿態屹立於世界的東方。正是在黨的領導下，中國特色社會主義進入新時代。改革開放以來中國取得的成績和進步說明，中國共產黨再次承擔了領導核心力量，她帶領人民開闢了中國特色社會主義道路，形成了中國特色社會主義理論體系，確立了中國特色社會主義制度，形成了中國特色社會主義文化。改革開放以來我們推動社會主義現代化建設取得的偉大成就，為實現「兩個一百年」奮鬥目標和中華民族偉大復興的中國夢開闢了廣闊的前景。今天，我們比歷史上任何時期都更接近、更有信心和能力實現中華民族偉大復興的目標。

　　總之，黨帶領全國人民完成和推進的三件大事，從根本上改變了中國人民和中華民族的前途命運。隨著中國特色社會主義進入新時代，近代以來久經磨難的中華民族迎來了從站起來、富起來到強起來的偉大飛躍，迎來了實現中華民族偉大復興的光明前景。實踐一再證明，中國共產黨不愧為領導中國人民實現中華民族偉大復興中國夢的核心力量。

（三）「黨領導一切」是我們黨長期堅持的重要原則

在革命戰爭年代裡，面對黨有限的力量和掌控的少量資源，我們黨就提出了「黨領導一切」的原則，確保黨的動員能力最大化，動員一切力量、集中一切力量，爭取對敵鬥爭的勝利。中共中央 1942 年 9 月 1 日通過的《關於統一抗日根據地黨的領導及調整各組織間關係的決定》明確規定：「黨是無產階級先鋒隊和無產階級組織的最高形式，黨應該領導一切其他組織，如軍隊、政府與民眾團體。根據地領導的統一與一元化，應當表現在每個根據地有一個統一的領導一切的黨的委員會。」[1]1946 年 6 月 19 日，毛澤東在《準備對付蔣介石大打的作戰部署》中指示，「擬以陳賡為司令員、薄一波為政治委員，組織指揮機關，統一指揮太行（太南不在內）、太岳、晉西南（呂梁）及晉東北靠近正太路兩個分區之一切黨政軍民力量，其任務為奪取同蒲南線、晉西南全區、白晉路之東沁線及太原、娘子關間之正太路。」[2]

新中國成立後，黨實現了全國範圍的執政。為完成國內社會主義改造、社會主義建設的艱難任務和應對複雜的國際環境，「黨領導一切」原則得到堅持並推廣到全國，黨的一元化領導體制得到確立和鞏固，以確保黨的動員能力最大化。毛澤東多次對「黨領導一切」原則進行闡述。1954 年 9 月 15 日，他在第一屆全國人民代表大會第一次會議開幕式講話中明確指出，領導我們事業的核心力量是中國共產黨。1958 年年初，他針對當時存在的分散主義，強調集中只能集中於黨委，只

---

1 《中共中央文件選集》第 13 冊，中共中央黨校出版社 1991 年版，第 427 頁。
2 《毛澤東文集》第 4 卷，人民出版社 1993 年版，第 121-122 頁。

能有一個核心，重申「大權獨攬，小權分散；黨委決定，各方去辦；辦也有決，不離原則；工作檢查，黨委有責」[1]的三十二字方針。1962年1月30日，毛澤東同志在擴大的中央工作會議上強調，「工、農、商、學、兵、政、黨這七個方面，黨是領導一切的。黨要領導工業、農業、商業、文化教育、軍隊和政府。」[2]此後，他又多次強調「黨領導一切」原則，例如1973年12月14日，在中南海游泳池住處同部分政治局成員談話時，他說到：「政治局是管全部的，黨政軍民學，東西南北中」[3]。這就是說，要毫不動搖地堅持黨的領導，黨在同級各種組織中，是無可爭議的領導核心，黨的領導是全方位的，覆蓋黨政軍民學各個領域。

可見，「黨領導一切」是我們黨長期堅持的重要原則，是黨的事業取得成功的根本保證。有了黨對一切工作的領導，全國人民謀求民族獨立、人民解放和國家富強、人民幸福的鬥爭就有了主心骨，中華民族偉大復興的中國夢離我們也越來越近了。

二、堅持黨對一切工作的領導內涵深刻而豐富

堅持黨對一切工作的領導就是堅持和加強黨的全面領導，就是確保黨在新時代總攬全域、協調各方。堅持黨對一切工作的領導基本方略是對「黨領導一切」原則的繼承和發展，是十八大以來黨和人民實

---

1 薄一波：《若干重大決策與事件的回顧》下卷，中共中央黨校出版社1993年版，第650-651頁。

2 《毛澤東文集》第8卷，人民出版社1993年版，第305頁。

3 《毛澤東年譜》第6卷，中央文獻出版社2013年版，第511頁。

踐經驗的結晶，是新時代堅持和發展中國特色社會主義必須遵循的最重要的行動綱領。

（一）黨政軍民學，東西南北中，黨是領導一切的

堅持黨對一切工作的領導首先意味著黨的領導必須是整體的、全面的。作為最高政治領導力量，黨的領導必須是全方位的、立體的、不留死角的。從領導範圍看，覆蓋經濟建設、政治建設、文化建設、社會建設、生態文明建設等各個領域、黨和國家工作的各個方面以及黨和國家的各項事業；從領導工作全過程看，貫穿黨的領導所有環節，體現在積極推進理論創新和用理論掌握群眾指導實踐的動態過程中，體現在民主、科學的決策和發揮組織的力量以及黨員的先鋒模範作用部署落實黨的路線方針政策各個流程環節中。黨的領導是具體的不是抽象的，體現在對各個地方、各個組織、各個行業、各項事業的領導上，「體現在堅定理想信念宗旨、執行黨的路線方針政策上，體現在黨管幹部原則、選對人用好人、樹立鮮明的價值觀和政治導向上」[1]。黨的領導如果在哪個領域失守、在哪個方面失蹤、在哪個環節被弱化，都會出現短板效應，削弱黨的創造力、凝聚力、戰鬥力，弱化黨的政治領導力、思想引領力、群眾組織力、社會號召力，最終影響黨完成肩負的偉大歷史使命。

習近平同志把「總攬全域、協調各方」形象地比喻為「眾星捧月」，

1《黨的十九大報告輔導讀本》，人民出版社 2017 年版，第 14 頁。

他指出這個「月」就是中國共產黨。在國家治理體系的大棋局中，黨中央是坐鎮中軍帳的「帥」，車馬炮各展其長，一盤棋大局分明。在同級各種組織中，黨居領導核心地位，這是黨的全面領導集中的體現。中國共產黨是政權、軍隊、人民團體等一切組織的領導核心，對內政、外交、國防等一切工作擁有領導權。在中國政治領導力量的組織序列中，有中國共產黨、人大、政協、政府、軍隊、民主黨派和人民團體。在同級各種組織中，中國共產黨居領導核心地位，其他組織都必須自覺接受中國共產黨領導。此外，黨還通過一系列制度安排實現黨對各種組織的領導，確保黨的最高政治地位。比如，黨通過在人大、政協、政府中設立的黨組實現黨對國家政權的領導；通過堅持「黨對軍隊的絕對領導」政治原則、黨的總書記任軍委主席以及軍委主席負責制確保黨對軍隊的領導；通過中國共產黨領導的多黨合作和政治協商這一基本政治制度實現黨對民主黨派的領導；通過發揮工會、共青團、婦聯等群團組織橋樑紐帶作用實現黨對人民團體的領導。黨政分開是堅持黨的領導下的黨政分開，沒有前提地搞「黨政分開」危害很大。

（二）增強「四個意識」，維護黨中央權威和集中統一領導

堅持黨對一切工作的領導還意味著，在黨組織內部的上下級關係上，黨中央能集中統一領導全黨。這就要求把黨的政治建設放在黨建的首位，並進一步把保證黨中央集體統一領導確定為黨的政治建設的首要任務。

一方面，要嚴明向黨中央看齊的政治紀律和政治規矩。黨之所以能在苦難中鑄就輝煌，一個重要原因就在於通過兩大舉措把全黨緊緊

凝聚在一起，整合了全黨同志的所有力量。這兩大舉措一個是理想信念，另一個是鐵的紀律。中華民族偉大復興，絕不是輕輕鬆鬆、敲鑼打鼓就能實現的，這就要求全黨加強紀律建設，維護黨的團結統一，確保全黨行動一致，最大限度整合全黨上下的智慧和力量。同黨中央保持一致是一個重大原則問題，是我們黨最核心的政治紀律。這就要求：在指導思想和路線方針政策以及關係全域的重大原則問題上，全黨必須在思想上政治上行動上同黨中央保持高度一致；自覺維護領袖權威，在政治方向、政治立場、政治言論和政治行為上向以習近平同志為核心的黨中央看齊。

另一方面，通過落實民主集中制以制度的剛性切實保障中央權威。民主集中制是馬克思主義政黨的根本組織制度，是我們黨的根本組織原則，是黨保持團結統一、運轉高效的制度保證。為集中全黨之力，取得新的歷史特點的偉大鬥爭的新勝利，就必須完善和落實民主集中制，確保黨中央權威和集中統一領導。在新時代，嚴格執行下級服從上級、全黨服從中央的組織原則，對黨的統一領導、維護中央權威，意義重大。黨的十九大通過的黨章明確規定，必須實行正確的集中，牢固樹立政治意識、大局意識、核心意識、看齊意識，堅定維護以習近平同志為核心的黨中央權威和集中統一領導，保證全黨的團結統一和行動一致，保證黨的決定得到迅速有效的貫徹執行。

（三）黨領導一切不是包攬一切具體事務

領導一切是指大政方針的領導，不是具體事務上的包攬一切。黨的主要精力應放在把握全域、管大事上，應放在重大決策和重要人事

的安排上，應放在發展的政治方向上。如果事無巨細都包攬起來，就會陷入事務主義的泥沼，使黨疲於奔命。大包大攬還會造成黨的權力過於集中，如果關好權力的制度之籠沒有紮好，權力的過度集中將成為市場經濟下權錢交易的溫床。此外，黨對具體事務的過多干涉也容易阻礙其他組織積極性的發揮，使社會失去活力。還在抗日戰爭期間，我們黨確立「黨領導一切」原則之初，黨中央就意識到可能出現黨包攬一切現象，強調「黨對政權系統的領導，應該是原則的、政策的、大政方針的領導，而不是事事干涉，代替包辦。」[1]周恩來在 1962 年 3 月的《論知識份子問題》一文中曾指出：「必須肯定，黨應該領導一切，黨能夠領導一切。現在的問題是如何領導一切？什麼是一切？……我們所說的一切是說黨要管大政方針、政策、計畫，是說黨對各部門都可以領導，不是說一切事情都要黨去管。至於具體業務，黨不要干涉。」針對黨委包攬過多的現象，他告誡道，「小權過多，大權旁落，黨委勢必成為官僚主義、事務主義的機構。」[2]

三、堅持黨對一切工作的領導的基本路徑

堅持黨對一切工作的領導基本方略不是抽象的理論原則，要有切實的措施、路徑去貫徹落實。堅持和加強黨的全面領導是貫徹這一方略的根本目標。

1《中共中央文件選集》第 13 冊，中共中央黨校出版社 1991 年版，第 431 頁。
2《周恩來選集》下卷，人民出版社 1980 年版，第 365 頁。

（一）強化黨的領導核心作用

明確在同級各種組織中，黨委是領導核心。各種組織必須自覺接受和服從黨委的統一領導，圍繞黨委中心工作來安排和部署各自的工作。黨委在同級各種組織中，即在黨委、人大、政協、政府四大班子中，黨委居領導核心地位，人大、政協、政府其他三大班子應接受和服從黨委的統一領導，在黨委的領導下開展工作。堅持中國共產黨的領導，這是我國必須堅持的四項基本原則之一，是我國的最高政治原則，任何時候都不可動搖。

按黨「總攬全域、協調各方」的原則規範黨委和其他組織的關係。保證各方既獨立負責、各司其職，又步調一致、運轉高效地開展工作，形成整體合力。人大及其常委會與「一府兩院」雖然分工不同、職責不同，但都是黨領導下的國家機關，總的目標和任務是一致的。因此，各級黨委要根據經濟社會發展情況，按照人大、政府、政協以及人民團體的職權範圍和工作方式提出任務和要求，並加強督促檢查，抓好工作落實。在中央和地方國家機關、人民團體、經濟組織、文化組織和其他非黨組織的領導機關中成立黨組，充分發揮黨組的作用。黨組要在所在機關發揮領導核心作用，負責貫徹執行黨的路線方針政策和同級黨委的決策部署，加強本單位黨的建設的領導，履行全面從嚴治黨責任，討論和決定本單位的重大問題，按照職責許可權做好幹部管理工作，討論和決定基層黨組織設置調整和發展黨員、處分黨員等重要事項，領導機關黨組織的工作。黨的領導是非黨組織沿著正確的政治方向發展的根本保證。

（二）自覺維護黨中央和全黨的核心

　　確立和維護領袖核心是維護黨中央權威和集中統一領導的關鍵。核心是黨中央的核心、也是全黨的核心。核心是全黨行動的最高指揮者，有一個堅強有力的核心，黨才會有凝聚力、戰鬥力；核心是黨集中集體智慧的「大腦」，有一個有創造性的核心，黨才會有活力、充滿智慧。中國共產黨的歷史告訴我們：確立和維護黨的核心至關重要。從黨史上看，我們黨有沒有形成一個強有力的、政治上非常可靠的、理論上有創造性的、為民情懷非常濃厚的領導核心是黨的事業能否成功的前提。黨的領袖是帶領全黨克服重重危機的「定盤星」，是帶領全國人民攻堅克難的「壓艙石」，確立和維護核心對黨凝聚黨內外一切力量進而領導一切至關重要。列寧指出：「政黨通常是由最有威信、最有影響、最有經驗、被選出擔任最重要職務而被稱為領袖的人們所組成的比較穩定的集團來主持的。這都是起碼的常識。」[1]

　　增強「四個意識」，自覺維護領袖核心權威。各級黨組織和黨員幹部要樹立政治意識、大局意識、核心意識、看齊意識，嚴格遵守黨章和黨內政治生活準則，全面落實黨的十九大關於加強和維護黨中央集中統一領導的各項要求，自覺在以習近平同志為核心的黨中央集中統一領導下履行職責、開展工作，堅決維護習近平總書記作為黨中央的核心、全黨的核心的地位，凝聚全黨意志。維護核心權威既要通過增強「四個意識」提高自覺性，還要防止各種形式的跑偏走調。要樹

1《列寧全集》第 39 卷，人民出版社 1986 年版，第 21 頁。

立科學理性的「核心意識」，絕不能「跑偏走調」，陷入「個人崇拜」或「盲目熱捧」的陷阱。

堅持民主集中制，夯實維護領袖核心的制度基礎。核心要有制度的硬約束，否則核心的確立和維護就有可能失去剛性保障，成為空談。一方面，民主集中制為核心的確立提供了制度保障。十八大以來的歷史性變革表明，習近平總書記有能力、有資格成為黨的核心，這一點在黨的十八屆六中全會召開之前就成為中央領導集體和全國人民的共識。黨的十八屆六中全會文件徵求意見過程中，各地各部門都表達了這次全會明確習近平總書記為黨的核心的願望。在十八屆六中全會上，中央委員會集中全黨的意志，明確提出「以習近平同志為核心的黨中央」。可見，習近平同志的核心地位是經過先民主後集中的程序以及民主集中制原則的實際運作中得以確立的。另一方面，民主集中制為核心的維護提供了制度保障。黨章第十條明確規定：黨員個人服從黨的組織，少數服從多數，下級組織服從上級組織，全黨各個組織和全體黨員服從黨的全國代表大會和中央委員會。第十條還強調要維護一切代表黨和人民利益的領導人的威信。黨章是我們黨的總章程、總規矩，在黨內法規體系中具最高效力。這樣，領袖作為黨中央的核心、全黨的核心就有了制度的剛性保障，並得到全黨擁護。民主集中制既是一個維護核心的制度保障，還是一個彙集集體智慧的制度安排。集中指導下的民主有利於發揮非核心成員的智慧和積極性，民主基礎上的集中則集中了智慧、集中了集體意志。

（三）完善堅持黨的領導的體制機制

　　積極探索和完善「總攬全域，協調各方」的領導體制。建立健全「一個核心」「三個黨組」「幾個口子」的領導體制。「一個核心」就是黨委全委會，在黨委全會閉會期間，由常委會主持日常工作；「三個黨組」是指人大常委會、政府、政協三個黨組；「幾個口子」是指黨委副書記和常委分管的經濟建設、紀檢監察、農村工作、組織黨群、意識形態、政法、統戰、國防建設和民兵預備役等幾個方面。在這一領導體制中，黨委集中精力把好方向、抓好大事、出好思路、管好幹部。人大常委會、政府、政協三個黨組是同級黨委的派出機構，接受黨委領導，負責落實中央和黨委的決策部署，同時要分別在人大常委會機關、政府和政協中發揮領導核心作用，討論和決定本單位的重大事項，按照許可權做好幹部推薦、管理工作。「幾個口子」體現了黨委集體領導和分工負責相結合，既能更好地發揮黨委領導集體的核心作用，又使班子成員各負其責、步調一致地開展工作。這樣，通過領導體制的完善，既充分發揮黨委的領導核心作用，又充分動員各方力量、協調班子成員共同推進黨的偉大事業。

　　建立健全「總攬全域，協調各方」的工作機制。領導體制要靠工作機制來保證。可從三個方面完善「總攬全域、協調各方」的工作機制。其一要建立健全全面推進的工作機制。從理論層面來講，黨是中國特色社會主義的領導核心，黨的領導是對國家和社會的全面領導；從領導體制來說，黨委居核心地位，謀劃全域，掌握方向，黨委的角色是總攬和協調。所以，黨委應對全域工作進行通盤考慮，整體謀劃，形成全面推進的工作機制。其二要建立健全分類推進的工作機制。所

調分類推進的工作機制，就是合理劃分工作層次，處理好重點工作和麵上工作的關係。對此，黨委把工作明確區分為三類，並要求按類別差異分類推進，黨委根據不同工作類型或總攬或協調。其三要完善領導班子集體領導和分工負責相結合的工作機制。在領導班子裡，「一把手」要充分調動班子成員的積極性，使他們各司其職、各負其責、各盡其才，形成班子整體合力。黨委副書記和班子成員要到位而不越位，自覺接受黨委領導，主動按照黨委的決策開展工作。

不斷健全和完善「總攬全域，協調各方」的各項工作制度。其一，要建立健全調查研究和決策諮詢制度。調查研究是民主科學決策的前提和基礎。其二，要規範黨委決策程序和議事規則。要按照中央「集體領導、民主集中、個別醞釀、會議決定」的要求，完善黨委內部的議事和決策機制，進一步發揮黨的委員會全體會議的作用，建立健全民主決策的工作規範和工作制度。其三，完善決策回饋、責任追究制度。對涉及群眾切身利益的重大事項，實施社會公示制度，以法規的形式明確社會公示的範圍和原則，制定社會公示的具體程序及有效形式。制定相關的法律和制度，把決策者的權力和承擔的責任統一起來，建立決策失誤責任追究制度和決策糾錯機制。

（四）提高把方向、謀大局、定政策、促改革的能力和定力

把政治建設放在首位，提高把方向的能力和定力。要做政治上的明白人，在涉及政治立場、方向、道路等大是大非原則性問題上，與黨中央在政治上思想上行動上保持高度一致，保持理想信念不動搖，

保持獨立自主發展的戰略定力和文化自信。旗幟鮮明講政治是我們黨作為馬克思主義政黨的根本要求。保證全黨服務中央，堅持黨中央權威和集中統一領導，是黨的政治建設的首要任務。全黨要堅定執行黨的政治路線，嚴格遵守政治紀律和政治規矩，在政治立場、政治方向、政治原則、政治道路上同黨中央保持高度一致。理想信念是共產黨人精神上的「鈣」，有堅定的馬克思主義信仰，是中國共產黨人克服一個又一個困難、取得一個又一個勝利的精神支柱。道路決定命運，中國特色社會主義道路是黨和人民歷盡艱辛取得的探索結果。只有在新時代繼續堅持和發展中國特色社會主義，堅定不移地走自己的道路，保持走中國道路的戰略定力，「兩個一百年」的奮鬥目標才會早日實現，黨肩負的中華民族偉大復興的歷史使命才會順利完成。

　　統籌國際和國內兩個大局，提高謀大局的能力和定力。特別是「一把手」要有世界眼光、戰略思維。把方向、抓大事、謀全域是「一把手」的根本職責。習近平同志指出，「一把手」要出色地完成自己的職責，就要「以『登東山而小魯』『登泰山而小天下』的氣度和胸襟，始終把全域作為觀察和處理問題的出發點和落腳點，以全域利益為最高價值追求，以世界眼光去認識政治形勢。」[1]只有把本地區的工作放在國際大背景下和全國的大局中去思考，有了正確的思想方法，才會不斷提高領導工作的原則性、預見性和創造性。

　　吃透中央精神和地方實際，提高定政策的能力和定力。在學懂弄通中央精神的基礎上因地制宜，制定符合地方實際的政策。大興調查

---

1 習近平：《之江新語─要有世界眼光和戰略思維》，浙江人民出版社 2013 年版，第 20 頁。

研究之風，提高科學、民主、依法決策水準。調查研究是民主科學決策的前提和基礎。習近平同志在總結浙江工作經驗時強調：「我牢記毛澤東同志的至理名言，堅持調研開局、調研開路，凡事眼睛向下，先當學生，不恥下問，問計於基層、問計於群眾，每年至少用三分之一以上時間深入基層和部門調查研究。」[1]領導幹部要圍繞中心工作和重大決策部署，每年都根據工作分工選擇重點調研課題，為決策打好基礎。下訪接訪是調查研究的重要途徑，各級領導幹部要深入基層、深入群眾，把領導幹部下訪辦成一項「民心工程」「民生工程」。科學決策離不開社會各方面力量的積極參與，必須借助專家力量，加強決策諮詢論證工作。要完善專家諮詢制度，實行決策的論證制和責任制，防止決策的隨意性。要抓好各項政策的落實，以釘釘子精神做實中央精神、貫徹落實各項工作。

　　不斷解放思想，提高促改革的能力和定力。改革是決定當代中國命運的關鍵一招，改革是當代中國的最鮮明特色。要敢字當頭，敢於啃硬骨頭，敢於涉險灘，敢於突破利益固化的鐵藩籬。要進一步解放思想，攻堅克難，推動改革向深水區邁進。要按照全面深化改革的總要求進行部署和動員，制定本地區的改革時間表、路線圖。與此同時，要保持深化改革的定力。黨的十八屆三中全會明確指出，全面深化改革的總目標是完善和發展中國特色社會主義制度，推動國家治理體系和治理能力現代化。可見，深化改革是在堅持中國特色社會主義制度前提下的改革。習近平總書記在談到制度自信與深化改革的辯證關係

---

1 習近平：《幹在實處　走在前列——推進浙江新發展的思考與實踐》，中央黨校出版社 2013 年版。

時指出：「沒有堅定的制度自信就不可能有全面深化改革的勇氣，同樣，離開不斷改革，制度自信也不可能徹底、不可能久遠。」[1] 在當今時代，以互聯網為代表的信息技術發展日新月異並得到廣泛應用，對人類生產生活產生了重大影響，信息技術成為當下必須掌握的技術手段，要趕上新時代，善於學習，運用互聯網技術和信息化手段開展工作。

1《習近平談治國理政》，外文出版社 2014 年版，第 106 頁。

堅持以人民為中心

　　堅持以人民為中心。人民是歷史的創造者，是決定黨和國家前途命運的根本力量。必須堅持人民主體地位，堅持立黨為公、執政為民，踐行全心全意為人民服務的根本宗旨，把黨的群眾路線貫徹到治國理政全部活動之中，把人民對美好生活的嚮往作為奮鬥目標，依靠人民創造歷史偉業。

一、堅持「以百姓心為心」的人民立場

　　習近平總書記指出：「我們要堅持『以百姓心為心』，傾聽人民心聲，汲取人民智慧，始終把實現好、維護好、發展好最廣大人民根本利益作為一切工作的出發點和落腳點，讓發展成果更多更公平惠及全體人民。」[1]

1《習近平談治國理政》，外文出版社 2014 年版，第 106 頁

「以百姓心為心」出自《老子》四十九章：「聖人恒無心，以百姓之心為心。善者，善之；不善者，亦（不）善之：德善也。信者，信之；不信者，亦（不）信之：德信也。」意思是說：聖人沒有自己的意願，而是把百姓的意願作為自己的意願。用我們今天的話說，以百姓心為心，在於親民、敬民、惠民，就是想人民之所想，急人民之所急，就是要全心全意為人民服務。

習近平總書記強調「以百姓心為心」，就是強調要不忘初心，堅持人民利益高於一切，在波瀾壯闊的革命、改革和建設實踐中，為中國人民謀幸福、為中華民族謀復興；「以百姓心為心」，就要牢記初心，踐行人民至上的莊嚴承諾，在如火如荼的現代化征程中，使人民群眾真正得到實惠、使人民生活真正得到改善；「以百姓心為心」，就要實現初心，彰顯「一個都不能少」的為民情懷，在決勝全面建成小康社會的道路上，傾聽人民呼聲、回應人民期待，實現全體人民共同富裕。

（一）不忘初心，堅持人民利益高於一切

人民對美好生活的嚮往，不同時代有著不同的內涵。最根本的嚮往是什麼？是中華民族的偉大復興。中國共產黨一經成立，就把實現共產主義的最高理想、最終目標，與中華民族偉大復興的歷史使命緊密結合，把人民對「站起來、富起來、強起來」的美好嚮往，作為自己矢志不渝、一以貫之的奮鬥目標。

實現站起來、走向民主富強的偉大飛躍。毛澤東同志明確提出：「全心全意地為人民服務，一刻也不脫離群眾；一切從人民的利益出發，

而不是從個人或小集團的利益出發；向人民負責和向黨的領導機關負責的一致性；這些就是我們的出發點。」[1]在那個時代，我們黨帶領人民實現了民族獨立、人民解放、國家統一、社會穩定，完成了新民主主義革命，建立了中華人民共和國，實現封建專制政治向人民民主的偉大飛躍；我們黨帶領人民進行社會主義革命，建立起符合我國實際的先進制度，完成了中華民族有史以來最為廣泛而深刻的社會變革，實現了扭轉衰落命運、走向繁榮富強的偉大飛躍。在那個時代，全黨做到了全心全意為人民服務，實現了走向民主富強的偉大轉折，實現了人民最迫切的需要、最急切的期待、最美好的嚮往。

實現富起來、推進改革開放的偉大革命。鄧小平同志要求我們做工作必須考慮群眾擁護不擁護、贊成不贊成、高興不高興、答應不答應。江澤民同志提出我們黨要始終代表中國最廣大人民的根本利益。胡錦濤同志提出：「堅持把實現好、維護好、發展好最廣大人民的根本利益作為我們一切工作的根本出發點和落腳點，是我們做好各項工作的保證，任何時候都不能動搖。」[2]我們黨深刻認識到，實現中華民族偉大復興，必須合乎時代潮流、順應人民意願，勇於推進改革開放的偉大革命，破除思想藩籬和體制障礙，開闢中國特色社會主義道路，讓黨和人民的事業始終充滿強大動力。正是因為全黨做到了「以百姓心為心」，堅持人民利益高於一切，才能夠讓改革開放成果惠及每一個百姓。

實現強起來、開啟現代化強國的偉大征程。習近平總書記明確提

1《毛澤東選集》第3卷，人民出版社1991年版，第1095頁。
2《十六大以來重要文獻選編》中，中央文獻出版社2006年版，第317頁。

出：「人民對美好生活的嚮往，就是我們的奮鬥目標」，是一以貫之的。在前進征途上，只要我們黨始終堅持人民的利益高於一切，緊緊依靠人民，就能永遠立於不敗之地。[1] 今天，我們比歷史上任何時期都更接近、更有信心和能力實現中華民族偉大復興的目標。我們黨深知，實現偉大夢想，絕不是輕輕鬆鬆、敲鑼打鼓的事情，而是要進行偉大鬥爭、建設偉大工程、推進偉大事業。我們只有緊緊依靠人民、保持政治定力、堅持實幹興邦，才能決勝全面建成小康社會，開啟全面建設社會主義現代化國家的偉大征程。

（二）牢記初心，踐行人民至上的莊嚴承諾

2012 年 11 月 15 日，黨的十八大閉幕後，習近平總書記當選後在中外記者會上的話語擲地有聲：「人民對美好生活的嚮往，就是我們的奮鬥目標。」

人民對美好生活的嚮往是什麼？我們該怎麼滿足人民日益增長的美好生活需要？黨的十八大以來的五年中，習近平總書記進行了 151 天、50 次基層考察調研，堅實的足跡跨越中國版圖。他用腳步丈量祖國大地，用真心聆聽人民心聲，用實幹履行莊嚴承諾——「我們一定要始終與人民心心相印、與人民同甘共苦、與人民團結奮鬥，夙夜在公，勤勉工作，努力向歷史、向人民交出一份合格的答卷。」[2]

他走得遠——六盤山區、秦巴山區、武陵山區、大別山區……

1《在十八屆中共中央政治局第七次集體學習時的講話》（2013 年 6 月 25 日）。
2《習近平談治國理政》，外文出版社 2014 年版，第 5 頁。

全國集中連片特困地區已經一一走到，實地指導脫貧攻堅；他看得全
——每到一地，住房、養老、就業、醫療、教育，凡是百姓關心事都
一一察看過問；他問得細——「建新房多少錢」「糧食夠不夠吃」「孩
子上學要走多遠」「家裡是旱廁還是水廁」……群眾生活的點點滴滴
無不念茲在茲；他想得深——全面深化改革如何破局開路？決戰脫貧
攻堅怎樣精準施策？建設生態文明還有哪些短板？制約創新驅動發展
的瓶頸到底在哪裡？……調查研究、深邃思考，為改革發展穩定把脈
定向。

為了履行人民至上的承諾，為了擔當民族復興的使命，為了開創
更加美好的未來，總書記身體力行每一次考察調研，躬身踐行全心全
意為人民服務的宗旨，將黨中央的關懷和溫暖帶給人民，激勵人民用
奮鬥創造美好生活。

2017 年 10 月 25 日，習近平總書記飽含殷殷深情地指出：「我們
要牢記人民對美好生活的嚮往就是我們的奮鬥目標，堅持以人民為中
心的發展思想，努力抓好保障和改善民生各項工作，不斷增強人民的
獲得感、幸福感、安全感，不斷推進全體人民共同富裕。」

黨的十九大報告，開篇就發出號召：「全黨同志一定要永遠與人
民同呼吸、共命運、心連心，永遠把人民對美好生活的嚮往作為奮鬥
目標，以永不懈怠的精神狀態和一往無前的奮鬥姿態，繼續朝著實現
中華民族偉大復興的宏偉目標奮勇前進。」

習近平新時代中國特色社會主義思想，明確新時代我國社會主要
矛盾是人民日益增長的美好生活需要和不平衡不充分的發展之間的矛
盾，必須堅持以人民為中心的發展思想，不斷促進人的全面發展、全
體人民共同富裕。

（三）實現初心，團結帶領人民一起奮鬥

習近平總書記指出：「只要還有一家一戶乃至一個人沒有解決基本生活問題，我們就不能安之若素；只要群眾對幸福生活的憧憬還沒有變成現實，我們就要毫不懈怠團結帶領群眾一起奮鬥。」[1]

走最崎嶇的山路，到最貧困的地方。困難群眾始終是習近平總書記心中最牽掛的人。每到一地調研，走進貧困村、貧困戶都是習近平總書記的「必選項」。從地處太行山深處的河北阜平縣駱駝灣村，到湘西土家族苗族自治州十八洞村；從大雪封山的雲南魯甸地震災區，到革命老區貴州遵義花茂村。他訪真貧、看真貧，翻山越嶺、風雪兼程，以不懈的腳步丈量著中國的每一寸貧困角落。「他們的生活存在困難，我感到揪心。他們生活每好一點，我都感到高興。」「到 2020 年現行標準下農村貧困人口全部脫貧、貧困縣全部摘帽，是我們黨立下的軍令狀。」「扶貧開發成敗系於精準，要找准『窮根』、明確靶向，量身定做、對症下藥，真正扶到點上、扶到根上。」「消除貧困、改善民生、實現共同富裕，是社會主義本質要求，是我們黨矢志不渝的奮鬥目標。」

在湖南花垣縣十八洞村特困戶施齊文家，他走進老人家中的小木房，揭開米箱蓋子，看糧食夠不夠吃；在內蒙古興安盟阿爾山市，他冒著零下 30 多度的嚴寒，到困難職工家中，察地窖、摸火牆、看年貨、坐炕頭；在寧夏大灣鄉楊嶺村回族貧困戶馬科家中，他冒著綿綿

1《在內蒙古調研考察時的講話》（2014 年 1 月 26 日至 28 日）。

細雨詳細瞭解脫貧舉措落實情況；在安徽省金寨縣花石鄉大灣村，他沿著山路乘車 1 個小時，同大家一起盤算著致富的方向；在甘肅蘭州五泉菜市場，他詳細詢問蔬菜價格、察看市場供應；在湖北長港鎮峒山村社區，他瞭解城鄉一體化，強調要「把廣大農村建設成農民幸福生活的美好家園」。

習近平總書記指出：「要以人民群眾利益為重、以人民群眾期盼為念，真誠傾聽群眾呼聲，真實反映群眾願望，真情關心群眾疾苦。」[1]這位來自人民的總書記，他深知人民對美好生活的嚮往有多熱切，他始終把群眾的呼聲當作第一信號、把群眾的需要當作第一選擇，他俯下身子彎下腰，為人民群眾做好事辦實事，真正做到了「以百姓心為心」。

二、堅持「以人民為中心」的發展思想

黨的十八大以來，習近平總書記胸懷「人民夢想」，致力「人民生活」，堅守「人民立場」，「以人民為中心」從價值理念到發展思想，再到新時代堅持和發展中國特色社會主義的基本方略，這是黨的宗旨觀、群眾觀、人民觀的重大發展，這是黨的發展思想、執政理念、執政方式的深刻變化。

---

[1]《十八大以來重要文獻選編》中，中央文獻出版社 2016 年版，第 76-77 頁。

（一）為什麼人的問題是檢驗一個政黨性質的試金石

發展，是人類的永恆主題。「以人民為中心」的發展思想，就是要堅持發展為了人民、發展依靠人民、發展成果由人民共用，不斷實現好、維護好、發展好最廣大人民的根本利益，始終把人民放在心中最高位置，把人民立場作為根本政治立場，把人民利益擺在至高無上的地位，不斷把為人民造福事業推向前進。

黨的十九大報告指出，全黨必須牢記，為什麼人的問題，是檢驗一個政黨、一個政權性質的試金石。帶領人民創造美好生活，是我們黨始終不渝的奮鬥目標。十九大報告先後 203 次提到「人民」一詞，成為最有溫度、最有情懷的核心熱詞，凸顯了「以人民為中心」這條一以貫之的紅線。「發展」在報告中出現 232 次，成為第一熱詞，報告還明確一切發展都必須堅持以人民為中心，先後 3 次強調「人的全面發展」，6 次提到「共同富裕」，5 次突出「公平正義」。報告還說：「必須始終把人民利益擺在至高無上的地位」、要「脫真貧、真脫貧」「讓全體人民住有所居」「打贏藍天保衛戰」「保證人民依法享有廣泛權利和自由」「使人民獲得感、幸福感、安全感更加充實、更有保障、更可持續」……這些都充分體現了發展為了人民的根本目的。

西方主流發展觀，發展為了資本，發展依靠資本，發展成果由資本共用，具體就是資本家共用，這是由資本主義生產關係決定的，凸顯了資本追逐利潤的本質。美國聯邦儲備委員會調查顯示，從 2010 年至 2013 年期間，儘管美國國內生產總值按年率計算增長了 2.1%，美國家庭收入平均提高了 4%，但是美國家庭中位數收入卻下降了 5%。很顯然，美國金融危機之後，經濟復蘇和增長的收益幾乎全部落到了

富人的口袋裡。美國《華盛頓郵報》在一篇報導中說，在 20 世紀 50 年代，美國一個大公司老闆的收入最多為一個工人的 50 倍，而現在達到了 350 倍。

與此相反，「以人民為中心」的發展思想，把人民作為發展的目的，追求人的全面發展，不僅全方位滿足人對美好生活的需要，而且全方位提高人創造美好生活的能力，進而努力實現人的全面發展，實現最廣大人民而不是少數人的全面發展。正如馬克思、恩格斯指出：「無產階級運動是絕大多數人的、為絕大多數人謀利益的獨立的運動」[1]，在未來社會「生產將以所有人的富裕為目的」。發展為了人民，就是要把增進人民福祉、促進人的全面發展作為一切工作的出發點和落腳點，著眼於維護社會公平正義，主張保障人民平等參與、平等發展的權利，持續保障和改善民生，不斷推動改革發展成果更多更公平惠及全體人民。

（二）始終把人民放在心中最高位置

正如習近平總書記強調：「全黨同志要始終把人民放在心中最高位置，堅持全心全意為人民服務的宗旨，實現好、維護好、發展好最廣大人民的根本利益，把人民擁護不擁護、贊成不贊成、高興不高興、答應不答應作為衡量一切工作得失的根本標準，使我們黨始終擁

1《馬克思恩格斯選集》第 1 卷，人民出版社 1995 年版，第 283 頁

有不竭的力量源泉。」[1]

　　堅持「以人民為中心」的發展思想，就要在滿足美好生活需要和調動人民發展力量的互動上下功夫。一方面要通過發展不斷滿足人民日益增長的美好生活需要，就是要通過深化改革、創新驅動，提高經濟發展品質和效益，生產出更多更好的物質精神產品。另一方面，要全面調動人的積極性、主動性、創造性，就需要為各行業各方面的勞動者、企業家、創新人才、各級幹部創造發揮作用的舞臺和環境。「讓一切勞動、知識、技術、管理、資本的活力競相迸發，讓一切創造社會財富的源泉充分湧流，讓發展成果更多更公平惠及全體人民」。[2]

　　中央全面深化改革領導小組第 33 次會議強調，抓住人民群眾最關心最直接最現實的利益問題，把改革舉措效益充分發揮出來，不斷增強人民群眾獲得感。改革的脈絡愈加清晰，必將為承載著中國人民偉大夢想的航船破浪前行提供源源不竭的澎湃動力。[3]

　　我們要緊緊依靠人民，充分發揮人民的主體作用，尊重人民的首創精神，為了人民幹事創業。我們要擺正經濟增長與改善民生的關係，瞭解老百姓所思所想。人民群眾關心的問題是什麼？是食品安不安全、暖氣熱不熱、霧霾能不能少一點、河湖能不能清一點、垃圾焚燒能不能不有損健康、養老服務順不順心、能不能租得起或買得起住

---

1 習近平：《在慶祝中國共產黨成立九十五周年大會上的講話》，人民出版社 2016 年版，第 18 頁。

2 《中國共產黨第十八屆中央委員會第三次全體會議公報》，2013 年 11 月 12 日中國共產黨第十八屆中央委員會第三次全體會議通過。

3 《搭建改革四樑八柱——黨的十八大以來全面深化改革成就綜述》，新華社北京2017 年 8 月 9 日電。

房，等等。

以人民為中心的發展思想，不是一個抽象的、玄奧的概念，不能只停留在口頭上、止步於思想環節，而要體現在經濟社會發展各個環節。2002 年 6 月，時任福建省長的習近平赴率先探索集體林權制度改革的龍岩市武平縣進行專題調研。歷經 15 年的積極探索、大膽突破和持續改革，這場由習近平同志親手抓起、親自主導的集體林權制度改革，為福建保護生態、農民增收帶來巨大活力。福建的改革惠及民生，讓百姓真正受益。集體林權制度改革，被稱為「繼家庭聯產承包責任制之後，中國農村的又一場偉大革命」。黨的十八大以來，一大批惠民舉措落地生根，人民獲得感顯著增強。例如，脫貧攻堅取得決定性進展，6000 多萬貧困人口穩定脫貧，貧困發生率從 10.2% 下降到 4% 以下，脫貧人口規模，相當於一個意大利，六個希臘，書寫了「人類歷史上最偉大的故事之一」。

（三）讓發展成果更多更公平惠及全體人民

黨的十九大報告指出，必須始終把人民利益擺在至高無上的地位，讓改革成果更多更公平惠及全體人民，朝著實現全體人民共同富裕不斷邁進。

堅持「以人民為中心」的發展思想，就要堅持社會主義基本經濟制度和分配制度，調整收入分配格局，完善以稅收、社會保障、轉移支付等為主要手段的再分配調節機制，維護社會公平正義，解決好收入差距問題，使發展成果更多更公平惠及全體人民。

「以人民為中心」的發展思想，讓每一個個體都能分享到發展的

成果，並不斷提高成果分享的公平性，最終實現共同富裕。一方面，既然發展的最終目的是每一個人的全面發展，公平分享發展成果就是發展的必然要求。另一方面，既然發展的根本動力來自全體人民，讓全體人民公平分享發展成果就不僅具有合理性，而且是充分調動人民積極性、讓社會財富不斷湧流的必然要求。

與此相反，西方主流發展觀追求總量和效率，追求生產達到其可能性邊界，卻忽視了分配和公平，甚至認為平等的分配會抑制效率、損害發展。例如，20 世紀 80 年代後盛行一時的「新自由主義」就主張經濟自由化、私有化，反對政府對市場的干預。

新自由主義鼓吹徹底私有化、減稅和削減社會福利，導致兩極分化更加嚴重、虛擬經濟與實體經濟嚴重脫離，收入財富分配不斷向金融資本傾斜，經濟增長日益依賴於金融泡沫支撐下的財富效應。例如，美國金融利潤占國內利潤的比重發生了巨大變化，1965—1980 年間為 17%，2000—2015 年急劇上升到 28.9%；與此形成鮮明對照的是製造業利潤比重急劇下降，從 49.1% 下降到 20.9%。這導致了美國的金融危機，進而導致實體經濟危機，殃及世界各國。

從表面上看，在自由市場中，人與人可以平等競爭。但實際上，擁有資本的多寡決定了分享發展成果的多寡，並進一步轉化為資本擁有的更加不平等。無論在發達國家還是在發展中國家，採用新自由主義政策都導致了收入差距的嚴重擴大，少數人攫取了發展的絕大部分收益。例如，墨西哥在實行新自由主義模式的 25 年裡，人均 GDP 平均每年僅增長 0.17%。由於失業和低工資，數以百萬計的墨西哥人被迫移民。

在發展過程中，我們必須深刻認識、認真反思、堅決抵禦「新自

由主義」思潮的危害，堅持「以人民為中心」的發展思想，讓發展的成果由人民共用。正如習近平總書記指出：「檢驗我們一切工作的成效，最終都要看人民是否真正得到了實惠，人民生活是否真正得到了改善，這是堅持立黨為公、執政為民的本質要求，是黨和人民事業不斷發展的重要保證。」[1]

三、堅持立黨為公、執政為民的執政理念

全心全意為人民服務，是我們黨一切行動的根本出發點和落腳點，是我們黨區別於其他一切政黨的根本標誌。堅持以人民為中心，就是要堅持立黨為公、執政為民，踐行全心全意為人民服務的根本宗旨，把黨的群眾路線貫徹到治國理政全部活動之中，把人民對美好生活的嚮往作為奮鬥目標，依靠人民創造歷史偉業。

「中國共產黨堅持執政為民，人民對美好生活的嚮往就是我們奮鬥的目標。我的執政理念，概括起來說就是：為人民服務，擔當起該擔當的責任。」[2]習近平總書記的話語情真意切、勇於擔當，溫暖打動了億萬人民的心，成為我們黨執政為民的鮮亮旗幟。

---

1 習近平：〈全面貫徹落實黨的十八大精神要突出抓好六個方面工作〉，載《求是》2013年第1期，第3-7頁。
2〈在俄羅斯索契接受俄羅斯電視臺專訪時的答問〉，《人民日報》2014年2月9日。

（一）改革開放讓人民實現小康、逐步富裕

2018 年，我們將迎來改革開放 40 周年。改革開放是決定當代中國命運的關鍵一招，40 年的改革開放使中國人民生活實現了小康，逐步富裕起來了。這個節點，是總結經驗、乘勢而上的機遇。我們必將堅定不移深化各方面改革，堅定不移擴大開放，使改革和開放相互促進、相得益彰，中華民族偉大復興必將在改革開放的進程中得以實現。

改革開放後，我們黨對社會主義現代化建設作出「三步走」的戰略安排，解決了人民溫飽問題，實現了人民生活總體上達到小康水準，這是「為人民服務」執政理念的直接落實。

過去五年，取得了改革開放和社會主義現代化建設的歷史性成就，是極不平凡的五年。一是全面深化改革取得重大突破。改革全面發力、多點突破、縱深推進，推出 1500 多項改革舉措，國家治理體系和治理能力現代化水準明顯提高，全社會發展活力和創新活力明顯增強。二是開放型經濟新體制逐步健全，對外貿易、對外投資、外匯儲備穩居世界前列。堅持打開國門搞建設，積極推進「一帶一路」的國際合作，努力實現政策溝通、設施聯通、貿易暢通、資金融通、民心相通，打造國際合作新平臺，增添共同發展新動力，推動建設開放型世界經濟。

2015 年 10 月，在黨的十八屆五中全會上，習近平總書記把開放發展作為引領我國未來五年乃至更長時期發展的「五大發展理念」之一，向世界表明中國開放的大門永遠不會關上。

（二）新發展理念讓國家事業全面開創新局面

2019 年，我們將迎來中華人民共和國成立 70 周年。我們將貫徹新發展理念，堅決端正發展觀念、轉變發展方式，提升發展品質和效益，推動中國經濟持續健康發展，惠及中國人民和各國人民。

堅持創新發展、協調發展、綠色發展、開放發展、共用發展，是關係我國發展全域的一場深刻變革，是「十三五」時期實現發展目標、破解發展難題、厚植發展優勢的必然選擇。創新發展是引領「經濟發展新常態」的核心動力，協調發展是破解「三期疊加」時代矛盾的整體戰略，綠色發展是推進「美麗中國」建設的道路格局，開放發展是構建「人類命運共同體」的全球視野，共用發展是實現「共同富裕」原則的目標關切。

「先富幫後富、最終實現共同富裕」，這是鄧小平同志當年提出的共同富裕思想。習近平在浙江工作期間，從統籌區域發展的高度對待對口支援工作，積極參與實施西部大開發。2016 年 7 月 20 日，在銀川召開的東西部協作座談會上，習近平總書記再一次強調，東西部扶貧協作和對口支援，是「實現先富幫後富、最終實現共同富裕目標的大舉措」。

創新、協調、綠色、開放、共用的新理念，強調了永續發展、綠色發展、和平發展和共同發展的和諧統一，不僅給中國帶來新的發展戰略和新的發展境界，而且為世界各國發展帶來中國理念和中國智慧。必將以更加輝煌的中國道路和中國模式，堅定「四個自信」，把我們的人民共和國建設得更加繁榮富強，為實現中華民族偉大復興的中國夢貢獻力量。

人們看到，通過「五位一體」總體佈局的統籌推進，通過新發展理念帶來的發展觀革新，中國發展力圖趨向於全面性和高品質。效率與公平的共贏、改革和法治互相助力、經濟與生態價值合流、國家的現代化與人的全面發展同程，正成為中國今天馳而不息追求的發展目標，不斷回應著人民對物質文化生活、民主、法治、公平、正義、安全、環境等方面的更高要求。

（三）全面建成小康社會，「一個不能少」

2020 年，我們將全面建成小康社會。全面建成小康社會，一個不能少；共同富裕路上，一個不能掉隊。我們將舉全黨全國之力，堅決完成脫貧攻堅任務，確保兌現我們的承諾。我們要牢記人民對美好生活的嚮往就是我們的奮鬥目標，堅持以人民為中心的發展思想，努力抓好保障和改善民生各項工作，不斷增強人民的獲得感、幸福感、安全感，不斷推進全體人民共同富裕。中國人民生活一定會一年更比一年好。

從現在到 2020 年，是全面建成小康社會決勝期，就是要統籌「五位一體」總體佈局，實施「八大戰略」，打好「三大攻堅戰」，使全面建成小康社會得到人民認可、經得起歷史檢驗。

2003 年，浙江經過 20 多年改革開放，已經實現了由溫飽向小康的歷史性跨越，但地區差距擴大的趨勢尚未扭轉。習近平心繫民生，在綠水青山間作出「實現全面小康一個鄉鎮也不能掉隊」的莊嚴承諾；他牽掛萬千百姓，留下「把幫扶困難群眾放到更為突出的位置」的深切關懷；他主張先富幫後富，描繪出「百億幫扶致富」「山海協作」

的壯麗藍圖。正如習近平所說，共用是全民共用。這是就共用的覆蓋面而言的。共用發展是人人享有、各得其所，不是少數人共用、一部分人共用。

習近平總書記強調，全面建成小康社會，不是一個「數字遊戲」或「速度遊戲」，而是一個實實在在的目標。如果只實現了增長目標，而解決好人民群眾普遍關心的突出問題沒有進展，即使到時候我們宣佈全面建成了小康社會，人民群眾也不會認同。

各級領導幹部要想群眾之所想、急群眾之所急、解群眾之所困，多謀民生之利、多解民生之憂，在發展中補齊民生短板、促進社會公平正義，在幼有所育、學有所教、勞有所得、病有所醫、老有所養、住有所居、弱有所扶上不斷取得新進展，保證全體人民在共建共用發展中有更多獲得感，不斷促進人的全面發展、全體人民共同富裕。

（四）人民對美好生活的嚮往就是我們的奮鬥目標

2021 年，我們將迎來中國共產黨成立 100 周年。中國共產黨立志於中華民族千秋偉業，百年恰是風華正茂！中國共產黨是世界上最大的政黨。大就要有大的樣子。怎樣才算是有個大的樣子？新時代對黨的建設提出了新要求，就是要把黨建設成為始終走在時代前列、人民衷心擁護、勇於自我革命、經得起各種風浪考驗、朝氣蓬勃的馬克思主義執政黨。

1988 年 6 月，34 歲的習近平赴任寧德地委書記，成為當時寧德地委班子中最年輕的一個。1992 年出版的《擺脫貧困》，是習近平寧德兩年艱苦工作生涯的全面寫照，每一篇都能看到他滿滿的為民情懷，

在他心裡從來沒有一刻忘記人民。「我們工作目的是為人民服務，不僅要對上面負責，而且要對群眾負責，為人民做主。古時候的縣官尚且還有擊鼓升堂，為民申冤，而我們卻成天忙於開會，很少主動去抓這種事，這是不應該的。」

「人民對美好生活的嚮往，就是我們的奮鬥目標。」習近平當選總書記後的首次公開講話，樸實親切、飽含深情，溫暖了億萬人的心，鮮明宣示了他帶領中國共產黨執政為民的堅定決心。

進入新時代，我們黨一定要有新氣象新作為。打鐵必須自身硬。一個政黨、一個政權，其前途和命運取決於人心向背。人民群眾反對什麼，痛恨什麼，我們就要堅決防範和糾正什麼。凡是群眾反映強烈的問題都要嚴肅認真對待，凡是損害群眾利益的行為都要堅決糾正。

實踐充分證明，中國共產黨能夠帶領人民進行偉大的社會革命，也能夠進行偉大的自我革命。我們黨來自人民、植根人民、服務人民，一旦脫離群眾，就會失去生命力。我們要永葆蓬勃朝氣，永遠做人民公僕、時代先鋒、民族脊樑，就必須密切保持同人民群眾的血肉聯繫，增強群眾觀念和群眾感情，不斷厚植黨執政的群眾基礎。全面從嚴治黨永遠在路上，不能有任何喘口氣、歇歇腳的念頭。我們要繼續清除一切侵蝕黨的健康肌體的病毒，大力營造風清氣正的政治生態，以全黨的強大正能量在全社會凝聚起推動中國發展進步的磅礴力量。

我們只有堅持「以百姓心為心」的人民立場，堅持「以人民為中心」的發展思想，堅持「為人民服務」的政治理念，才能鞏固全國各族人民大團結，才能吸吮 5000 多年中華民族的文化養分，才能凝聚 13 億

多中國人民的磅礴之力，才能具有無比廣闊的歷史舞臺和無比強大的前進動力，才能決勝全面建成小康社會、奪取新時代中國特色社會主義偉大勝利，才能實現人民對美好生活的嚮往、實現中華民族偉大復興的中國夢！

堅持全面深化改革

　　堅持全面深化改革。只有社會主義才能救中國，只有改革開放才能發展中國、發展社會主義、發展馬克思主義。必須堅持和完善中國特色社會主義制度，不斷推進國家治理體系和治理能力現代化，堅決破除一切不合時宜的思想觀念和體制機制弊端，突破利益固化的藩籬，吸收人類文明有益成果，構建系統完備、科學規範、運行有效的制度體系，充分發揮我國社會主義制度優越性。

一、改革開放是決定當代中國命運的關鍵一招

　　堅持全面深化改革基本方略，是實踐經驗的總結，誠如習近平總書記所言：「只有社會主義才能救中國，只有改革開放才能發展中國、發展社會主義、發展馬克思主義。」[1] 這是對我們黨領導的改革開放 40

1《黨的十九大文獻彙編》，黨建讀物出版社 2017 年版，第 15 頁。

年實踐經驗，特別是黨的十八大以來砥礪前行、取得前所未有成就的五年實踐經驗的科學概括。

（一）只有改革開放才能發展中國

40 年前，在黨和國家面臨向何處去的重大歷史關頭，黨的十一屆三中全會作出了把黨和國家工作中心轉移到經濟建設上來、實行改革開放的歷史性決策，實現了具有深遠意義的偉大轉折，開啟了我國改革開放歷史新時期。40 年來，我們黨以巨大的政治勇氣，帶領廣大人民群眾銳意進取，前赴後繼，全方位地推進各個領域的改革開放，使得我們的人民、我們的黨和國家的面貌今非昔比，煥然一新，發生了歷史性的巨變。

改革開放實現了人民生活水準從溫飽不足到富裕有餘的轉變。改革開放促進了生產力的極大提高，創造了改善人民生活的雄厚物質基礎，正是因為有了改革開放，才有了中國人民今天的美好生活。幾十年的改革開放，使「小康」從理想轉化為現實，城鄉居民生活由溫飽不足到總體小康再向全面小康邁進，小康水準從低水準、不全面向水準高、覆蓋廣轉變，城鄉居民人均可支配收入明顯提高，擁有財富不斷增加，東西部教育與農村教育明顯改善，深化醫療衛生改革，基本實現社會保障全覆蓋，人民健康和醫療衛生水準明顯提高，人民群眾獲得感普遍增強，「六千多萬貧困人口穩定脫貧，貧困發生率從百分

之十點二下降到百分之四以下」[1]，貧困人口大幅減少。到 2020 年，全面建成小康社會的第一個百年奮鬥目標即將完成，在為實現第二個百年目標奮鬥的過程中，唯有通過改革開放才能進一步提高生產力發展的水準，才能不斷滿足人民群眾對美好生活的新期待。

改革開放實現了中國與世界的交流融通，極大提升了我國的國際競爭力和在國際上的地位。改革開放以來，我國不斷拓展對外開放的廣度和深度，從大規模「引進來」到大踏步「走出去」，十八大以來的五年，把開放直接提升到了新發展理念的高度，加強內外聯動，實施更加積極主動的開放戰略，注重開放方式的創新，開放佈局的優化，開放品質的提升，推動形成全面對外開放新格局，我國與世界的關係發生了歷史性變化。針對經濟全球化在內容和形式方面發生的新變化：世界經濟復蘇乏力、經濟發展失衡、保護主義和內顧傾向抬頭等，中國日益走近世界舞臺中央，在注重自身發展的同時，主動承擔更多世界責任，引導經濟全球化朝著更加開放、包容、普惠、共贏的方向發展，為建設開放型世界經濟增添動力，幫助廣大發展中國家參與並融入全球價值鏈，為構建人類命運共同體作出中國貢獻。

改革開放實現了我國富起來的夢想，奠定了強起來的物質基礎。國富民強是我國各族人民一直以來的夢想。毛澤東在新中國成立前曾語重心長地說，中國共產黨人多年奮鬥的目的，就是要「建設一個中華民族的新社會和新國家。……要把一個政治上受壓迫、經濟上受剝削的中國，變為一個政治上自由和經濟上繁榮的中國，而且要把一個

1《黨的十九大文獻彙編》，黨建讀物出版社 2017 年版，第 4 頁。

被舊文化統治而愚昧落後的中國，變為⋯⋯文明先進的中國。一句話，我們要建立一個新中國。」[1] 經過幾十年的努力，特別是改革開放四十年的發展，中華民族迎來了站起來、富起來到強起來的偉大飛躍，我國經濟實力、科技實力、國防實力、綜合國力由弱變強，跨入世界前列。黨的十八大以來，我國經濟保持中高速增長，在世界主要國家中名列前茅，國內生產總值達到 80 萬億元，穩居世界第二，對世界經濟增長貢獻率超過 30%；創新驅動發展戰略大力實施，創新型國家建設成果豐碩，天宮、蛟龍、天眼、悟空、墨子、大飛機等重大科技成果相繼問世；國防和軍隊改革取得歷史性突破，人民軍隊組織架構和力量體系實現革命性重塑。這些成就推動中國國際地位前所未有地提升，中華民族以更加嶄新的姿態屹立於世界的東方。

（二）只有改革開放才能發展社會主義

縱觀人類社會發展的總體進程，現在仍處在資本主義要逐步走向滅亡、社會主義要逐步走向取代資本主義的歷史時代。在這個大的歷史時代中，社會主義的發展出現了兩次具有里程碑意義的大事件，一是 1848 年《共產黨宣言》的發表使社會主義從空想變成了科學，二是 1917 年十月革命使科學社會主義從理論變成了實踐。但是社會主義的發展並不是一帆風順的，20 世紀末，隨著蘇東劇變的發生，社會主義遭受了嚴重的挫折。

1《毛澤東文集》第 2 卷，人民出版社 1991 年版，第 663 頁。

在這種情況下，中國從自身基本國情出發，堅持改革開放不動搖，建立了社會主義市場經濟體制，走出一條符合自身特點的中國特色社會主義道路，破解了發展中國家走向現代化的難題，取得了舉世矚目的成就，逐漸成為世界社會主義發展的中流砥柱，使科學社會主義在 21 世紀的中國煥發出了強大生機活力。

20 世紀 70 年代末，在國際國內形勢發生重大變化之際，中國共產黨人以巨大的政治勇氣和理論智慧，確立了在改革開放中建設社會主義現代化的重大決策，開創了中國特色社會主義偉大事業。20 世紀 80 年代末，在國際共產主義運動陷入低潮之際，鄧小平發表了南方談話，深刻總結了黨的十一屆三中全會以來的基本經驗，進一步深入回答了「什麼是社會主義，怎樣建設社會主義」這個核心問題，把改革開放和社會主義現代化事業進一步推向前進。以江澤民同志為核心的黨的第三代中央領導集體，科學判斷黨的歷史方位，形成了「三個代表」重要思想，進一步回答了「什麼是社會主義，怎樣建設社會主義」的核心問題，創造性地回答了「建設什麼樣的黨，怎樣建設黨」的核心問題，成功把中國特色社會主義推向二十一世紀。從黨的十六大到十八大，以胡錦濤為總書記的黨中央創造性地回答了「實現什麼樣的發展，怎樣發展」的核心問題，創立了科學發展觀，把我們黨對中國特色社會主義建設規律的認識提高到一個新的高度。黨的十八大以來，以習近平同志為核心的黨中央，成功引領中國特色社會主義進入新時代，系統回答「新時代堅持和發展什麼樣的中國特色社會主義，怎樣堅持和發展中國特色社會主義」這一核心問題，形成了習近平新時代中國特色社會主義思想。

實踐是檢驗真理的唯一標準。改革開放 40 年中國所發生的歷史性

巨變，雄辯地證明了沒有改革開放，就沒有中國特色社會主義的開創和發展，中國社會主義現代化建設就會失去強大的動力。

（三）只有改革開放才能發展馬克思主義

一切劃時代的體系的真正的內容都是由於產生這些體系的那個時期的需要而形成起來的。實踐是思想之母，改革開放是當代中國馬克思主義發展的實踐基礎。

改革開放是與時俱進的實踐過程。40年來，從農村家庭聯產承包責任制到城市的全面改革；從沿海經濟特區到沿江、沿邊、內陸城市的開放；從一部分人先富起來到發展的成果由人民共用；從解決溫飽到全面建設小康社會……改革開放的每一步前行都與時代同行，標誌著我國社會發展不斷進入新的更高境界。

中國共產黨是高度重視理論建設和理論指導的黨，在改革開放的偉大實踐中，以更寬廣的視野、更長遠的眼光來思考和把握國家未來發展面臨的一系列重大戰略問題，在理論上不斷拓展新視野、作出新概括，不斷推動馬克思主義中國化的歷史進程。改革開放40年來，作為以馬克思主義為指導的無產階級政黨，我們黨始終堅持馬克思主義基本原理同中國具體實際相結合的原則，堅持解放思想、實事求是、與時俱進、求真務實，在實踐中堅持和發展馬克思主義，創立了包括鄧小平理論、「三個代表」重要思想、科學發展觀在內的中國特色社會主義理論體系，不斷形成馬克思主義中國化的最新理論成果，不斷開闢馬克思主義在中國發展的新境界。

黨的十八大以來，以習近平同志為核心的黨中央，堅持以馬克

思列寧主義、毛澤東思想、鄧小平理論、「三個代表」重要思想、科學發展觀為指導，堅持解放思想、實事求是、與時俱進、求真務實，堅持辯證唯物主義和歷史唯物主義，緊密結合新的時代條件和實踐要求，以全新的視野深化對共產黨執政規律、社會主義建設規律、人類社會發展規律的認識，進行艱辛理論探索，取得重大理論創新成果，形成了習近平新時代中國特色社會主義思想。習近平新時代中國特色社會主義思想，是對馬克思列寧主義、毛澤東思想、鄧小平理論、「三個代表」重要思想、科學發展觀的繼承和發展，是馬克思主義中國化最新成果，是中國特色社會主義理論體系的重要組成部分，是我們必須長期堅持並不斷發展的指導思想。

二、完整準確地理解全面深化改革的總體目標

全面深化改革的總目標是完善和發展中國特色社會主義制度、推進國家治理體系和治理能力現代化。確立這一總目標，是堅持和發展中國特色社會主義的必然要求，也是實現社會主義現代化的應有之義。深刻理解和把握這個總目標，是貫徹落實各項改革舉措的關鍵。

（一）牢牢堅持中國特色社會主義道路的正確方向

習近平總書記在對《中共中央關於全面深化改革若干重大問題的決定》所作的說明中特別強調：「我們在改革開放上決不能有絲毫動搖，改革開放的旗幟必須繼續高高舉起，中國特色社會主義道路的正確方

向必須牢牢堅持。全黨要堅定改革信心,以更大的政治勇氣和智慧、更有力的措施和辦法推進改革。」這就向世人宣示:中國的改革是有方向、有立場、有原則、有領導的,全面深化改革必須牢牢堅持中國特色社會主義的正確方向。

旗幟指明了改革的制度取向,彰顯了改革的根本性質,全面深化改革是在中國特色社會主義偉大旗幟引領下進行的,絕不是什麼離開中國特色社會主義制度的顛覆性變革。以習近平同志為核心的黨中央對全面深化改革的指導思想和根本性質作出了明確無誤的闡述:必須高舉中國特色社會主義偉大旗幟,以馬克思列寧主義、毛澤東思想、鄧小平理論、「三個代表」重要思想、科學發展觀為指導,堅定信心,凝聚共識,統籌謀劃,協同推進,堅持社會主義市場經濟改革方向,以促進社會公平正義、增進人民福祉為出發點和落腳點,進一步解放思想、解放和發展社會生產力、解放和增強社會活力,堅決破除各方面體制機制弊端,努力開拓中國特色社會主義事業更加廣闊的前景。

這就是說,中國共產黨領導的全面深化改革,是堅持在社會制度前提下的改革,而不是放棄、背離或改變這個制度;是中國特色社會主義制度的自我完善,而不是對這個制度的顛覆性改造;是堅定不移地沿著中國特色社會主義道路發展的改革,而不是要走改旗易幟的邪路。那些企圖以改革的名義把中國引向資本主義制度的想法,在理論上是極端錯誤的,在行動上是絕不允許的,也是不可能的。

(二)大力推進國家治理體系和治理能力現代化

十八屆三中全會通過的《決定》中最引人矚目的焦點是全面深化

改革總體目標的提出：「完善和發展中國特色社會主義制度，推進國家治理體系和治理能力現代化」[1]。

習近平總書記在十八屆三中全會第二次全體會議上，在 2014 年 2 月省部級主要領導幹部學習貫徹十八屆三中全會精神全面深化改革專題研討班上，對全面深化改革總目標作了深刻闡述，強調之所以提出全面深化改革，不是推進一個領域改革，也不是推進幾個領域改革，而是推進所有領域改革，就是從國家治理體系和治理能力的總體角度考慮的。他還指出，今天擺在我們面前的一項重大歷史任務，就是推動中國特色社會主義制度更加成熟更加定型，為黨和國家事業發展、為人民幸福安康、為社會和諧穩定、為國家長治久安提供一整套更完備、更穩定、更管用的制度體系。這項工程極為宏大，零敲碎打調整不行，碎片化修補也不行，必須是全面的系統的改革和改進，是各領域改革和改進的聯動和集成，在國家治理體系和治理能力現代化上形成總體效應、取得總體效果。

全面深化改革的總目標從制度、改革、現代化三個維度，把社會主義現代化的內涵提升到治理現代化的高度，將制度的完善與發展熔鑄為改革的總目標。制度決定國家性質，治理決定國家競爭能力大小，不管是制度還是治理都是根本性的問題。國家治理體系和治理能力是一個有機整體，二者相輔相成，如車之兩輪，鳥之兩翼。制度對於治理國家起到根本性、全域性、長遠性的作用；而如果沒有有效的治理能力，再好的制度也同樣難以發揮應有的作用。同時也要看到，國家

1《十八大以來重要文獻選編》上冊，中央文獻出版社 2014 年版，第 512 頁。

治理體系與國家治理能力之間並非無條件地呈正相關關係，因時因勢而變，我們要以現代化為條件，推動治理體系不斷完善，治理能力不斷提高。

黨的十九大報告進一步明確指出，堅持全面深化改革是習近平新時代中國特色社會主義思想的精神實質和豐富內涵之一，必須堅持和完善中國特色社會主義制度，不斷推進國家治理體系和治理能力現代化，堅決破除一切不合時宜的思想觀念和體制機制弊端，突破利益固化的藩籬，吸收人類文明有益成果，構建系統完備、科學規範、運行有效的制度體系，充分發揮我國社會主義制度優越性。這進一步深化了我們對於全面深化改革總目標的認識。

（三）始終堅持社會主義市場經濟的改革方向

堅持什麼方向改革是一個根本性的大問題。方向對了，改革就能夠在正確的道路上順利發展；方向錯了，改革就必然會走向邪路而最終失敗。蘇聯的改革就是一個例證，他們就是以改革的名義，放棄了馬克思主義的指導，背離了社會主義的方向，否定了共產黨的領導，不僅導致了改革的失敗，而且使國家陷入分裂，一個發展了70多年的社會主義大國不復存在。中國共產黨人絕不會走這樣的道路，絕不會進行這樣的改革。

以習近平同志為核心的黨中央向世人宣示：全面深化改革必須堅持社會主義市場經濟改革方向，努力開拓中國特色社會主義事業更加廣闊的前景。這個論斷闡明了全面深化改革的明確方向和光明前途。

建立和不斷發展完善社會主義市場經濟體制，是當代中國共產黨

人在科學社會主義發展史上的一個偉大創舉。當代中國共產黨人以極大的政治智慧和理論勇氣，衝破思想觀念束縛，深入探索社會主義經濟發展方式，創造性地發展了馬克思主義的政治經濟學理論，科學認識市場經濟同社會制度之間的辯證關係，創立和發展了社會主義市場經濟理論。

在新的歷史起點上，堅持社會主義市場經濟改革方向，就是要充分發揮市場在資源配置中的決定性作用和更好發揮政府作用。早在確立社會主義市場經濟體制之時，江澤民明確提出過，社會主義作為中國市場經濟的制度特徵，是「畫龍點睛」而不是「畫蛇添足」。市場經濟是一種經濟體制，總是同不同的社會制度聯繫在一起的，中國的市場經濟是堅持社會主義制度方向的市場經濟，社會主義是作為根本的制度前提而不是可有可無的花樣點綴。社會主義市場經濟是為了更好地發揮社會主義制度優越性而不是違背和削弱制度，市場在資源配置中的決定性作用是在社會主義國家的宏觀調控下發揮而不是完全自由放任，政府既不能錯位、越位但也不能缺位，它要更好地發揮作用而不是無所作為。建立和完善社會主義市場經濟體制，就是要運用市場經濟體制的優勢把社會主義制度的優越性充分發揮出來，充分發揮市場體制和社會主義制度兩種優勢，形成中國特色社會主義發展的強大合力，解放和發展社會生產力，消滅剝削，消除兩極分化，最終實現共同富裕，體現社會主義的本質要求。

三、大力推進全面深化改革向縱深發展

全面深化改革面向新時代的號角再度吹響，破除各種改革阻力，創新改革路徑，落實各項改革舉措，要堅持黨對全面深化改革的統一領導，堅持解放思想實事求是的思想路線，解決破除一些不合時宜的思想觀念和體制機制弊端；堅持公平正義的價值取向，突破利益固化的藩籬；堅持吸收人類文明成果，構建系統完備、科學規範、運行有效的制度體系；堅持社會主義方向，充分發揮社會主義制度優越性，點燃深化改革的「內外動力」[1]，才能推進改革大船破浪前行。

（一）堅持黨在全面深化改革中的集中統一領導

「黨政軍民學，東西南北中，黨是領導一切的。」作為改革的倡導者、推動者和領導者，黨的領導直接決定改革能否順利推進。全面深化改革涉及面廣，牽涉人多，必然涉及各種社會關係、利益格局的調整。加強黨的領導，履行各級黨委的領導責任，調動全體黨員的先鋒隊意識，直接關係著全面深化改革基本方略的貫徹落實。特別是隨著改革進入攻堅期和深水區，真刀真槍推進改革，更需要堅強的政治領導、思想引領，否則改革就不可能順利推進。

---

1 中共中央編譯局馬克思主義研究所、中國浦東幹部學院中國特色社會主義研究院編：《改革開放與中國特色社會主義》，人民出版社 2016 年版，第 457 頁。

全體黨員必須堅決維護黨中央權威，貫徹中央決策部署，將各項改革舉措不折不扣落到實處。全面深化改革是「啃硬骨頭、涉險灘」，從反腐倡廉到簡政放權，從化解過剩產能到清除市場壁壘，在全面深化改革的過程中，一些人的「乳酪」難免會被觸動，這時候全黨同志就要敢於突破既得利益，旗幟鮮明講政治，牢牢把握黨的十九大確定的改革方向，切實把思想和行動統一到中央精神上來，才能讓改革落地。全面深化改革是一項系統工程，全體黨員要學好用好辯證法，正處處理全域與局部的關係，正確處理頂層設計與摸著石頭過河之間的關係，著力增強改革創新的本領和抓落實的能力，使全面深化改革成效產生乘數效應。

全黨必須強身煉體，增強本領。各級黨委領導要不斷學習，增強本領，要圍繞全面深化改革中的重大問題加強學習調研，不斷提高和運用市場經濟規律的能力，不斷提高改革決策水準。堅持全面深化改革是一場硬仗，我們必須有充分的思想準備，改革越往前走，越往深處進行，就會阻力越大，困難越多，越要應對更多的問題，但我們沒有退路，必須打贏這場硬仗，要有破釜沉舟的決心，有攻堅克難的勇氣，有壓倒一切困難的氣概，非如此就不能成其事。每個黨員都要發揮先鋒模範作用，帶領全國各族人民，拿出「撸起袖子加油幹」的勁頭，團結一致，拼搏進取，把全面深化改革進行到底。

（二）堅持解放思想，破除思想觀念和體制機制弊端

解放思想、實事求是、與時俱進、求真務實，不僅是中國共產黨的思想路線，更是堅持全面深化改革的認識論前提、方法論依據，是

推動改革開放不斷前進的思想保障。改革開放 40 年來的巨大成就，不僅僅是經濟的高速增長，綜合國力的日益提升，國際地位的與日俱增，更大的成就是對人們思想觀念和思維方式的轉變和提升。

當代中國的改革開放就是通過解放思想開始的。1978 年 5 月，鄧小平同志領導全黨全國人民開展了轟轟烈烈的真理標準問題的討論，拉開了解放思想的大幕。他在中央工作會議閉幕會上發表的《解放思想，實事求是，團結一致向前看》的講話，成為黨的十一屆三中全會的主報告，同時也成為解放思想的宣言書。黨的十一屆三中全會正是通過解放思想，結束了「以階級鬥爭為綱」的口號，實現了向「以經濟建設為中心」的戰略轉移，開啟了改革開放和社會主義現代化建設的新時期。幾十年來，在改革開放的重大歷史關頭，我們黨就是通過解放思想克服了一個又一個障礙，不斷把改革開放推向深入。

新時代推進全面深化改革，更需要解放思想。唯有解放思想，才能找准改革的突破口和著力點。改革遭遇的堡壘越堅固，涉及的利益關係越複雜，就越需要解放思想，以思想新解放開闢改革新境界。正如習近平總書記所說的，「衝破思想觀念的障礙、突破利益固化的藩籬，解放思想是首要的。在深化改革問題上，一些思想觀念障礙往往不是來自體制外而是來自體制內。思想不解放，我們就很難看清各種利益固化的癥結所在，很難找准突破的方向和著力點，很難拿出創造性的改革舉措。因此，一定要有自我革新的勇氣和胸懷，跳出條條框框限制，克服部門利益掣肘，以積極主動精神研究和提出改革舉措。」[1]

1《習近平談治國理政》，外文出版社 2014 年版，第 69 頁。

（三）堅持公平公正，突破利益固化的藩籬

公平正義是全面深化改革的價值指向，是贏得民心，調動人民群眾投身改革大潮的總開關。只有把公平正義作為全面深化改革的出發點和落腳點，縱深推進，讓有益於公平正義實現的具體舉措真正落地生根、普惠人民，才能真正調動人民的力量，推動社會發展進步。公平正義是人類社會共同的嚮往和追求，是衡量社會文明進步的重要尺度。改革開放 40 年來，我國經濟發展取得巨大成就，但影響社會公平正義的各種矛盾和問題日益突出，人民群眾對黨和政府維護社會公平正義的要求也越來越高。怎麼辦？黨的十八屆三中全會關於全面深化改革的決定指出：全面深化改革要「以促進社會公平正義，增進人民福祉為出發點和落腳點」，「讓一切勞動、知識、技術、管理、資本的活力競相迸發，讓一切創造社會財富的源泉充分湧流，讓發展成果更多更公平惠及全體人民」。十九大報告又強調：「堅持人人盡責、人人享有，堅守底線、突出重點、完善制度、引導預期，完善公共服務體系，保障群眾基本生活，不斷滿足人民日益增長的美好生活需要，不斷促進社會公平正義，形成有效的社會治理、良好的社會秩序，使人民獲得感、幸福感、安全感更加充實、更有保障、更可持續。」

全面深化改革，必須以人民群眾的根本利益為出發點，調整不平衡的利益結構。改革開放之所以得到廣大人民群眾衷心擁護和積極參與，最根本的原因在於我們一開始就使改革開放事業深深紮根於人民群眾之中，讓人民群眾在參與改革的過程中，成為改革紅利最大的受益者。人民群眾是新時代堅持深化改革的力量源泉，只有真正實現公平正義，才能最大限度地發揮人民群眾的潛能，充分激發社會創造活

力。新時代堅持全面深化改革，要站穩人民立場，以人民利益為出發點和落腳點，聚焦解決發展不平衡、不充分問題，謀劃改革思路、制定改革舉措，促進社會公平正義，為經濟持續發展提供重要支撐。從總體上看，我國社會事業發展雖然取得了舉世矚目的成就，但是還存在與經濟發展不相適應的現象。在一系列與人民群眾切身利益密切相關的重大問題上，我們還存在著諸多矛盾和挑戰，影響人民群眾幸福感的提升和社會和諧穩定。為此，我們必須站在人民立場上把握和處理好涉及改革的重大問題，從人民利益出發謀劃改革思路、制定改革舉措，抓住人民群眾最關心最直接最現實的利益問題，持之以恆，永不懈怠，「既盡力而為，又量力而行，一件事情接著一件事情辦，一年接著一年幹」[1]，以改善民生作為堅持全民深化改革的風向標，把公平正義作為社會發展的重要目標，真正讓廣大民眾成為國家發展的受益者。

全面深化改革必須堅持用發展的辦法解決利益格局的調整。堅持全面深化改革，仍然要堅持以經濟建設為中心，不斷推動經濟持續健康發展。切實把「蛋糕做大」，同時配以制度安排、法律規範、政策支援，解決由於人為因素造成的有違公平正義的突出問題：推動經濟更有效應、更加公平、更可持續發展；緊緊圍繞更好保障和改善民生、促進社會公平正義，深化社會體制改革，改革收入分配制度，促進共同富裕；建設法治中國，必須堅持依法治國、依法執政、依法行政共同推進，堅持法治國家、法治政府、法治社會一體建設，深化司

1《黨的十九大文獻彙編》，黨建讀物出版社 2017 年，第 31 頁。

法體制改革，加快建設公正高效權威的社會主義司法制度，維護人民權益，讓人民群眾在每一個司法案件中都感受到公平正義；推進社會事業改革創新，實現發展成果更多更公平惠及全體人員；健全促進就業創業體制機制，規範招人用人制度，消除城鄉、行業、身份、性別等一切影響平等就業的制度障礙和就業歧視；建立更加公平可持續的社會保障制度等等，進而「分好蛋糕」，消除引發矛盾和衝突的根源，實現社會的和諧穩定。

（四）堅持吸收人類文明成果，健全和完善制度體系

改革開放的一個主要目標，就是要通過不斷提高體制機制的科學性，使社會主義制度能夠保持強大生命力和煥發出蓬勃生機活力。社會主義制度是一種嶄新的社會制度，只有在繼承和利用資本主義所創造出來的全部社會生產力和全部優秀文化成果的基礎上，並結合新的實際進行新的創造，才能順利建設成功。

在改革開放之初，鄧小平就指出：「重要的是，切不要把中國搞成一個關閉的國家。實行關閉政策的做法對我們極為不利，連信息都不靈通。過去，我們把資本主義和社會主義絕對對立起來，從而妨礙了我們吸取和借鑒當今世界各國包括資本主義發達國家的一切反映現代化生產規律的文明成果。」在改革開放過程中，我們始終堅持獨立自主與對外開放相統一的原則，以本國國情為依據，走出了一條不同於西方國家的現代化道路，形成了不同於西方國家的中國特色社會主義制度體系。正是憑藉著這一制度體系，當代中國與世界的關係進入了新時代。現在的中國已經日益走向世界舞臺的中央，這不僅有利於

社會主義制度以積極的態度學習和吸收人類文明一切優秀成果，贏得與資本主義相比較的優勢，也有利於中國特色社會主義在新的歷史時期更進一步的開放，給世界上那些既希望加快發展又希望保持自身獨立性的國家和民族提供全新選擇，為解決人類問題貢獻中國智慧和中國方案。

現在，我們比歷史上任何一個時期都更接近中華民族偉大復興的目標，也比歷史上任何時期都更接近建成社會主義現代化國家的目標。現代化程度越高，越需要更高程度的制度化，我們黨深知制度建設的重要性，「領導制度、組織制度問題更帶有根本性、全域性、穩定性和長期性」[1]，只有在各方面形成一整套更加成熟、更加定型的制度，現代化才能平穩前進。改革開放走到今天，改革的系統性、關聯性越來越強，這就越需要系統、完備、運行有效的制度體系。對於國家治理體系改革的方法和方向，我們黨有清醒的認知。習近平總書記指出：「我們要借鑒人類政治文明的有益成果，但絕不照搬西方政治制度模式，絕不會接受任何外國頤指氣使的說教。」

面對異彩紛呈的外部世界，我們應該秉持相容並蓄的態度，取其精華，棄其糟粕，實現創造性轉化和創造性發展，不斷革除體制機制弊端，充分發揮我國社會主義制度優越性，不斷實現中國特色社會主義制度的自我完善和發展，讓社會主義在 21 世紀煥發更加蓬勃的生機活力。這也正是新時代全面深化改革的方向和目的。

1《習近平談治國理政》，外文出版社 2014 年版，第 104 頁。

堅持新發展理念

　　堅持新發展理念。發展是解決我國一切問題的基礎和關鍵，發展必須是科學發展，必須堅定不移貫徹創新、協調、綠色、開放、共用的發展理念。必須堅持和完善我國社會主義基本經濟制度和分配制度，毫不動搖鞏固和發展公有制經濟，毫不動搖鼓勵、支持、引導非公有制經濟發展，使市場在資源配置中起決定性作用，更好發揮政府作用，推動新型工業化、信息化、城鎮化、農業現代化同步發展，主動參與和推動經濟全球化進程，發展更高層次的開放型經濟，不斷壯大我國經濟實力和綜合國力。

一、新發展理念是關係發展全域的一場深刻變革

　　發展是當今世界最重要的主題，發展赤字也是人類面臨的共同挑戰。20 世紀 50 年代以來，在不同的理論和領域中，對發展有了不同的內涵詮釋。一定程度上，發展問題歸根到底是理念問題，發展戰略

競爭透射著發展理念之爭。當代中國的發展突破了傳統發展模式，利用了資本主義發展經驗，借鑒了新興國家發展教訓，形成了創新、協調、綠色、開放、共用的發展理念，實現了發展理論的重大創新。

（一）中國共產黨對發展實踐持續探索的理論深化

馬克思主義在社會發展上最基本的觀點是，社會矛盾運動推動著社會發展，人們可以認識社會發展規律，並實現每個人的自由全面發展和共產主義社會。這是當代中國共產黨人發展理論的科學基礎和思想來源。中國共產黨在社會主義建設的各個時期，圍繞著發展環境、發展理念、發展方式、發展體制、發展戰略、發展目標等形成了有關發展的一系列重要認識。改革開放 40 年以來，中國共產黨高度重視發展問題，並總能根據形勢和任務的變化，適時提出相應的發展理念和戰略，引領和指導發展實踐。

鄧小平從社會主義本質要求的高度強調發展的重要性，提出了「發展才是硬道理」[1]。他還指出：「中國解決所有問題的關鍵是要靠自己的發展」「貧窮不是社會主義，發展太慢也不是社會主義」[2]，因此，「講社會主義，首先就要使生產力發展」[3]「發展自己，關鍵是發展經濟」[4]。在領導社會主義市場經濟體制建設的過程中，江澤民強調，發

1《鄧小平文選》第 3 卷，人民出版社 1993 年版，第 377 頁。
2《鄧小平文選》第 3 卷，人民出版社 1993 年版，第 265、255 頁。
3《鄧小平文選》第 2 卷，人民出版社 1994 年版，第 314 頁。
4《鄧小平文選》第 3 卷，人民出版社 1993 年版，第 375 頁。

展是黨執政興國的第一要務，始終用發展的辦法解決前進中的問題，要正確處理好改革發展穩定的關係，社會生產力和經濟文化的發展水準以及人的全面發展都是逐步提高、永無止境的過程。2002 年 5 月，在《二〇〇二——二〇〇五年全國人才隊伍建設規劃綱要》提出要「樹立發展新理念」[1]。胡錦濤同志明確提出了科學發展觀理論，強調要堅持以人為本，實現全面協調可持續發展。2010 年 11 月 12 日，胡錦濤出席二十國集團領導人第五次峰會時提出了「新發展理念」一詞：「著力推動南北合作，拓展利益交匯點，樹立以發展促增長、以合作抗風險的新發展理念；提升發展問題在國際議程中的位置，從宏觀和戰略高度推動解決發展問題。」[2]

　　黨的十八大以來，以習近平同志為核心的黨中央著眼新的發展實踐，深入推進黨的理論創新，在發展目標、發展動力、發展佈局、發展保障等方面形成了一系列新理念新思想新戰略，適應、把握和引領經濟新常態下的發展要求，明確提出了「新發展理念」。鮮明地提出了創新、協調、綠色、開放、共用的發展理念[3]，反映了對新的發展階段基本特徵的深刻洞悉，體現了對社會主義本質要求和發展方向的科學把握，標誌著中國共產黨對經濟社會發展規律的認識達到了新的高

---

1 中共中央文獻研究室編：《十五大以來重要文獻選編》下，人民出版社 2003 年版，第 2365 頁。

2 《胡錦濤主席在二十國集團領導人第五次峰會和亞太經合組織第十八次領導人非正式會議上的講話》，人民出版社 2010 年版，第 6 頁。

3 〈中共中央關於制定國民經濟和社會發展第十三個五年規劃的建議（二〇一五年十月二十九日中國共產黨第十八屆中央委員會第五次全體會議通過）〉，《人民日報》2015 年 11 月 4 日第 1 版。

度，對執政能力和執政水準提出了更高的要求，是中國經濟社會發展必須長期堅持的重要遵循。

總的來說，新發展理念是中國特色社會主義進入新時代，在新的偉大實踐中立足於發展問題和發展價值，在總結改革開放以來正反兩方面歷史經驗和黨的十八大以來發展的新鮮經驗，並汲取其他國家發展經驗教訓的基礎上，中國共產黨關於發展理論的一次重大昇華。

（二）中國維護和用好戰略機遇期的發展戰略抉擇

第二次世界大戰後，各國經濟學家提出了一系列發展模式，這些發展模式在取得一定成就後也暴露出重大問題。

20 世紀 40 年代，發展經濟學家保羅‧羅森斯坦‧羅丹提出了大推進理論（The theory of the big-push）：通過進行大規模投資計畫，形成產業集群，使國民經濟各部門形成高水準的均衡，從而推動整個國民經濟的高速增長和全面發展。

1949 年，阿根廷經濟學家勞爾‧普雷維什和德國經濟學家漢斯‧辛格提出了普雷維什—辛格假說，促進了拉美國家用本國產品替代進口品，通過限制工業製成品的進口來促進本國工業化。這也為六七十年代「依附理論」的提出奠定了基礎。然而，在「華盛頓共識」和「休克療法」的新自由主義政策影響下，民族工業受創和缺乏政府干預等，拉美模式中貧富分化、社會矛盾凸顯。

20 世紀 60 年代，霍利斯‧錢納裡和艾倫‧斯特勞特等將投資、儲蓄和進出口同引進外資聯繫起來，提出了「雙缺口模型」，利用外資來填補國內有效供給與資源計畫需求之間存在的缺口，即儲蓄缺口

與外匯缺口。然而，由於舉債過多、償還不力和債務期限結構安排不合理等都會產生債務危機，葡萄牙、意大利、愛爾蘭、希臘、西班牙等引發的歐洲主權債務危機，不僅造成本國財政欠佳，而且影響了脆弱復甦中的世界經濟。

20 世紀 80 年代，美國、英國發起盎格魯－薩克遜模式，主張削減賦稅、自由競爭、放鬆管制、資本流動、私有化、鼓勵個人財富積聚、縮減公共服務與公共開支。這也在加拿大、澳大利亞、紐西蘭、愛爾蘭等英語國家推行而促進了發展，但市場至上、股東利益優先的自由放任狀態也帶來危機，美國次貸危機就是例證。

萊茵模式（也稱社會市場經濟模式、德法模式或大陸模式），主要以自由競爭為基礎，國家進行適當調節並伴隨社會保障體系實施，使得德國、法國、比利時、荷蘭等快速發展。以丹麥、芬蘭、挪威、冰島、瑞典等為主的北歐模式（也稱北歐社會民主模式）則更強調福利制度以及自由市場、勞資談判。這兩種模式都改善了資本主義制度下工人的狀況，緩解了勞資矛盾，但也存在因迎合「民意」而透支財政、推高福利、市場僵化和增長動力不足乃至降低效率、社會民主不可持續等弊病。

以出口導向、國家控制金融、重視科技和教育、儲蓄和投資率高等為特徵的東亞模式（也稱國家資本主義）則促進了日本、新加坡、韓國、中國臺灣和中國香港乃至東盟相關國家的發展，但依靠資源能源的大量消耗、廉價勞動力的投入帶來的問題也日益凸顯。

「拉美漩渦」「東亞泡沫」「西亞北非危機」等都昭示著深陷「中等收入陷阱」的危險。圍繞著克服國際金融危機的深層影響、提高發展品質和效益，許多國家都積極創新發展理念、完善發展戰略，力爭

以新理念、新戰略贏得發展主動，爭得發展優勢。

　　新發展理念的提出，順應了時代發展潮流，不僅在總體模式，而且在政府與市場的關係、進出口關係以及財稅、金融、投資、競爭、貿易、就業等領域的結構改革上都汲取了有關國家發展的經驗教訓，是借鑒更是超越，有共性更有自己的特色。從十九大到二十大的 2017 至 2022 年，是實現「兩個一百年」奮鬥目標的歷史交匯期。我國既要全面建成小康社會、實現第一個百年奮鬥目標，又要乘勢而上開啟全面建設社會主義現代化國家新征程，向第二個百年奮鬥目標進軍，即從 2020 年到 2035 年基本實現社會主義現代化，再從 2035 年到本世紀中葉，把我國建成富強民主文明和諧美麗的社會主義現代化強國。

　　新發展理念是在深刻總結國內外發展經驗教訓、深入分析國內外發展大勢的基礎上提出的，集中反映了我們黨對我國經濟社會發展規律的新認識。新發展理念的確立和堅持，能使我國發展佔據時代制高點，在前景十分光明和挑戰十分嚴峻中，維護和用好我國發展重要戰略機遇期，在日趨激烈、深刻複雜的國際競爭中厚植更大的發展優勢。

（三）適應主要矛盾轉化和建設現代化經濟體系的路徑選擇

　　中國特色社會主義進入新時代，我國社會主要矛盾已經轉化為人民日益增長的美好生活需要和不平衡不充分的發展之間的矛盾。一方面，人民美好生活需要日益廣泛，不僅對物質文化生活提出了更高要求，而且在民主、法治、公平、正義、安全、環境等方面的要求日益增長。另一方面，中國發展起來後發展不平衡不充分問題突出，制約著

人民日益增長的美好生活需要的滿足。這就需要繼續推動發展，著力解決發展不平衡不充分問題，而新發展理念彰顯了人民至上的價值取向，體現了經濟社會發展的新要求，抓住了制約發展的癥結，也開出了解決問題的良方。

我國社會主要矛盾的變化要求不斷提高人民生活水準，推動經濟持續健康發展。而我國經濟正在向形態更高級、分工更複雜、結構更合理的階段演化，從消費需求、投資需求、出口和國際收支、生產能力和產業組織方式、生產要素相對優勢、市場競爭特點、資源環境約束、經濟風險積累和化解、資源配置模式和宏觀調控模式等9個方面出現的趨勢性變化來看，經濟發展進入了新常態。

經濟增長速度正從高速增長轉向中高速增長，經濟發展方式正從規模速度型粗放增長轉向品質效率型集約增長，經濟結構正從增量擴能為主轉向調整存量、做優增量並存的深度調整，經濟發展動力正從傳統增長點轉向新的增長點。認識、適應和引領經濟新常態召喚著發展理念的更新。

新發展理念把握了我國經濟由高速增長階段轉向高品質發展階段以及在轉變發展方式、優化經濟結構、轉換增長動力攻堅期的特點，是建設現代化經濟體系這一我國發展戰略目標的價值引領，也是破解我國經濟社會發展中突出矛盾的路徑選擇。

二、全面領會新發展理念的科學內涵

創新、協調、綠色、開放、共用的新發展理念，是中國發展經驗

的深刻總結，是當代中國發展的戰略謀劃，是實現人的全面發展目標的充分體現，我們應當充分認識這場深刻變革的重大現實意義和深遠歷史意義，全面領會這種全新發展理念的深刻內涵。

（一）創新發展：引領「經濟發展新常態」的核心動力

「中國經濟的前景十分光明。」這是習近平同志訪英前夕向世界發出的中國經濟長期向好的自信強音，這背後的堅實基礎就是中國經濟發展的新常態，就是國內生產總值穩中向好的發展速度，就是居民人均可支配收入增速跑贏 GDP 增速的發展質感，就是創新驅動發展戰略推動大眾創業、萬眾創新的發展魅力。「十三五」期間，中國的創新、創業「黃金時期」已經來到，全面建成小康社會進入決勝階段，中國經濟轉型升級將步入從量變到質變、從產業規劃到發揮市場力量推動的嶄新階段。新常態下的中國經濟發展，必須堅持以創新為第一動力，確立創新在國家發展全域中的核心位置，使之不僅成為「十三五」經濟結構實現戰略性調整的關鍵驅動因素，更將成為「五位一體」總體佈局下科學發展的根本支撐和關鍵動力，讓創新貫穿黨和國家一切工作，讓創新在全社會蔚然成風。貫徹創新發展理念，引領經濟發展新常態，就要把發展基點放在創新上，形成促進創新的體制架構，塑造更多依靠創新驅動、更多發揮先發優勢的引領型發展。創新發展理念突出地關注了三個方面的問題：一是解決發展動力問題，通過創新勞動力、資本、土地、技術、管理等生產要素之間的關係，通過大眾創業和萬眾創新的過程，實現新需求和新供給的平衡，釋放發展新動力。二是解決發展空間問題，通過「互聯網＋」行動計畫實施

網絡強國戰略,通過科技創新引領農業現代化、構建產業新體系,形成沿海沿江沿線經濟帶,發展分享經濟。三是解決發展體制問題,通過深化行政管理體制改革,不斷完善各類國有資產管理體制;通過建立健全現代財政制度、稅收制度,改革並完善適應現代金融市場發展的金融監管框架。

(二)協調發展:破解「三期疊加」時代矛盾的整體戰略

當前,中國發展仍然處於戰略發展機遇期,但是也處於「三期疊加」的歷史階段,增長速度換擋期、結構調整陣痛期、前期刺激政策消化期相互疊加,使得中國發展的戰略佈局正面臨著一系列不平衡、不協調、不可持續的問題,堅持協調發展理念成為必然。堅持協調發展,就是要在戰略和策略上把握總體佈局,正確處理發展中的重大關係,在協調發展中拓寬發展空間,在強化薄弱中增強發展後勁。協調發展理念突出地蘊含著三個方面的新意:一是協調發展的領域更加寬廣。從傳統的區域協調發展、城鄉協調發展、物質文明和精神文明協調發展的三個方面,擴展到新的維度:經濟建設和國防建設融合發展,工業化、信息化、城鎮化和農業現代化同步發展。二是協調發展的內涵更加深刻。緊扣全面建成小康社會目標,把「發展平衡性、包容性、可持續性」的統一,作為各領域協調發展的基本原則。如,對於區域協調發展,突出強調在資源環境可承載能力的許可前提。三是協調發展的導向更加精準。緊緊圍繞目的導向和問題導向提出解決思路,實現精準分析、精準對接、精準解決。如:圍繞農業現代化的目標提出城鄉協調發展一體化機制的建設;圍繞富國和強軍統一實施軍民融合

發展戰略；圍繞軟實力和硬實力的結合強調發展的整體性。協調發展新理念，從屬於中國特色社會主義「五位一體」總體佈局，旨在把握轉型升級的歷史關節點，彌補發展短板和薄弱環節，從中拓寬發展空間、尋求發展後勁，實現中國全方位的均衡協調發展的「新常態」。

（三）綠色發展：推進「美麗中國」建設的道路格局

博鰲亞洲論壇 2010 年年會上，習近平指出：「綠色發展和可持續發展是當今世界的時代潮流。」2013 年 9 月，習近平總書記在哈薩克發表演講中指出：「寧要綠水青山，不要金山銀山，而且綠水青山就是金山銀山。」五中全會將生態環境品質總體改善列入全面建成小康社會的新目標，指明了行動路線圖，向世界做出堅持綠色發展的莊嚴承諾，這是以習近平同志為總書記的黨中央，站在「為全球生態安全作出新貢獻」的高度，從人與自然和諧發展的角度，瞄準人類和平永續發展的目標，提出的一個重大戰略思想，是我們在新時期全面建成小康社會、建設「美麗中國」的中心理念。一是折射出中國共產黨人勇於擔當的全球責任。綠色發展理念，關乎人類發展命運，關乎全球生態安全。作為全球大國，我們主動提出強有力的措施，投入到綠色發展行列，為世界可持續發展做出自己應有的貢獻，體現了大國風範和天下為家的理念。二是凸顯了中國共產黨人堅持人民主體地位的民生情懷。把綠色發展理念作為經濟新常態下的必然選擇，讓經濟增長讓渡於人民福祉，把金山銀山讓渡於綠水青山，體現出民生改善為先、人民利益至上的理念。三是表明了中國共產黨人保護生態文明的行動決心。把生態文明、美麗中國、民族永續發展作為關鍵目標，實

施最嚴格環境保護制度，體現出尊重自然、順應自然、保護自然的生態文明理念。如「省以下環保機構監測監察執法垂直管理制度」「國土綠化行動」「藍色海灣整治行動」等等，這些環保管理體制方面的重大改革，將有助於克服對環保執法的干擾，擺脫地方保護主義，釋放出更嚴格環保政策的積極信號。

（四）開放發展：構建「人類命運共同體」的全球視野

十八大報告提出的「人類命運共同體」重大論斷，是當代中國共產黨人把馬克思主義運用於時代特徵而提出的新論斷、新目標。五中全會提出的開放發展理念，是打造一榮俱榮、一損俱損的「人類命運共同體」的基本理念和根本需求，是建設共謀穩定、共同發展的「利益共同體」的可靠保障和戰略依託。這個理念就是要堅持互利共贏、構建廣泛的「利益共同體」，通過深度融入競爭、陸海內外聯動、東西雙向開放，建設高層次的開放型經濟，積極參與全球經濟治理和公共產品供給，提高全球經濟治理中的制度性話語權。一是強調戰略目標和國際責任的辯證統一。明確了開放戰略目標：開放型經濟、利益共同體、制度性話語權。我們不僅要積極參與全球經濟治理，促進國際經濟秩序朝著平等公正、合作共贏的方向發展；而且要積極承擔國際責任和義務，積極參與應對全球氣候變化談判，主動參與 2030 年可持續發展議程。二是強調內外聯動和東西雙向的合作模式。推動陸海內外聯動，實現東西雙向開放。培育邊境經濟合作區、跨境經濟合作區等有全球影響力的先進製造基地和經濟區，推進「一帶一路」建設，共同參與全球經濟合作和競爭。支援沿海地區全面參與全球經濟合作

和競爭，為「中國製造」贏得美譽度和全球影響力。必將提高對外開放水準、形成深度融合的互利合作格局。三是強調體制構建和戰略格局的互相推動。中國需要以更開放的視野，打破行政區劃限制和國際限制，刺激生產要素跨空間的流動和配置，形成全方位的主動對外開放格局。積極探索對外經濟合作的新模式、新路徑，兼顧近期和遠期，注重法律和規則建設，依法破除體制機制障礙，通過實行准入前國民待遇加負面清單管理制度，促使中國對外開放邁向新層次、深度融入世界經濟體系。

（五）共用發展：實現「共同富裕」原則的目標關切

「不斷增強人民對美好生活的獲得感」，這是堅持共同富裕、共用發展的最好詮釋，就是要實現發展為了人民、發展依靠人民、發展成果由人民共用。五中全會把共用發展理念、包容的制度設計，以國家層面的發展規劃加以固定，從而實現經濟長期持久健康發展，使全體人民在共建共用發展中有更多獲得感，體現出我們黨的戰略眼光和對「共同富裕」的堅定追求。一是體現了「人的自由而全面發展」終極關懷。堅持發展為了人民、發展依靠人民、發展成果由人民共用，就是圍繞著「人的發展」，激發「人人參與、人人盡力、人人享有」的能動性，實現共同富裕，不斷滿足人的各項需求。二是體現了「自由、平等、公正」的社會主義核心價值觀。強調注重機會公平，堅守底線、突出重點、完善制度、引導預期，保障基本民生，實現全體人民共同邁入全面小康社會。強調更加公平更可持續的社會保障制度，實施全民參保計畫，實現職工基礎養老金全國統籌，實現全民保險保

障制度。三是抓准了民生改善、人民利益的關鍵內容。普及高中階段教育並逐步免除學雜費、提高技術工人待遇、推進健康中國建設等內容，抓住了經濟社會發展中的要害。增加公共服務供給，實施脫貧攻堅工程，完善市場評價要素貢獻並按貢獻分配，改變計劃生育政策、促進人口均衡發展等等，都是關係人民切身利益的改變，必將讓老百姓的期待變為現實，進而轉化為社會發展的推動力。

總的來說，創新是引領發展的第一動力，協調是持續健康發展的內在要求，綠色是永續發展的必要條件和人民對美好生活追求的重要體現，開放是國家繁榮發展的必由之路，共用是中國特色社會主義的本質要求，體現了目標導向與問題導向的統一、立足國內與全球視野的統一、戰略性和操作性的統一、合規律性與合目的性的統一，既相互支撐又各有側重，有著各自的地位、作用和相對穩定的排序，是具有內在聯繫的集合體，彰顯了當代中國共產黨人的嶄新發展觀，站在了當代世界和中國發展的制高點，不僅給中國帶來新的發展戰略和新的發展境界，而且為世界各國發展帶來中國理念和中國智慧。

三、把新發展理念全面貫徹落實到實踐當中

理念是對實踐規律的總結，有著明確的實踐指向。發展理念與發展行動緊密相連，新的發展理念必然要求新的發展行動，發展行動由發展理念引領和開創，也將持續豐富發展理念的內涵。新發展理念要落地生根、變成普遍實踐，最終轉化為改善人民生活和促進經濟社會發展的實際行動，要有正確認識、具體抓手、抓好主體。

（一）做好宣傳教育和學術研究是貫徹新發展理念的重要前提

新發展理念包含大量充滿時代氣息的新知識、新經驗、新信息、新要求。貫徹落實新發展理念，涉及一系列思維方式、行為方式、工作方式的變革，需要一系列工作關係、社會關係、利益關係的調整，更需要各領域、各層面體制機制的創新，但首先要改造主觀世界，要轉變發展觀念、提升知識能力。

要深刻把握新發展理念的提出背景、豐富內涵、精神實質、鮮明指向、重大意義、地位作用。在認識上，要解放思想，轉變觀念，對不適應、不適合甚至違背新發展理念的有關認識要立即調整、有關行為要堅決糾正、有關做法要徹底摒棄，將新發展理念轉化為想問題、做決策、辦事情的思維方式，崇尚創新、注重協調、倡導綠色、厚植開放、推進共用。

在落實新發展理念時，不能將其停留在口頭上，表態多調門高，虛多實少，從概念走向概念，以文件落實文件，說一套做一套，我行我素。新發展理念就是指揮棒、紅綠燈，要堅決貫徹，且要一體堅持、一體貫徹，不能顧此失彼，也不能相互替代。

提高對新發展理念的全面認識需要加強和改進宣傳教育，在遵循理念形成確立的過程性規律、思想政治教育規律的基礎上，做好新發展理念知識普及，使教育者和受教育者站在習近平新時代中國特色社會主義思想、經濟社會發展規律、時代精神的高度認識新發展理念，增進公眾對新發展理念的理解和重視，使人民群眾提升思想認同與注重生活實踐。

同時，要積極開展對新發展理念的整體性和具體性研究，通過多維度、寬視野、跨學科的內容分析和研究方法，加強對新發展理念的形成依據與過程、基本內涵與內在邏輯、哲學基礎與主要特徵、理論與實踐價值、問題針對與實踐路徑進行學理解釋，就新發展理念落實提出更多有價值的建議。

（二）建設現代化經濟體系是貫徹新發展理念的重要抓手

貫徹新發展理念，首先落實「十三五」綱要推出的一系列重大政策舉措，在增動力、促平衡、可持續、拓空間、更包容上下功夫，在決策、執行、檢查等環節和重大決策、重要領域、重點專案上將新發展理念落細落小落實。牢固樹立和深入實踐新發展理念需要加強富有戰略思維和體現重大政策制度的頂層設計。其中，制定和實施的三級三類國民經濟和社會發展規劃就集中體現著發展理念和發展戰略。由同級人民政府組織編制，並經同級人民代表大會批准後正式實施的國家級、省（區、市）級、市縣級總體規劃；由各級人民政府有關部門組織編制的專項規劃；由國家發展改革部門會同國務院有關部門和區域內省（區、市）人民政府有關部門編制的跨省（區、市）的區域規劃能將國家重大決策的統一原則要求和地方部門實踐的靈活具體創新結合起來，都具有戰略性、針對性、操作性。

從更長遠的角度，貫徹新發展理念，要建設現代化經濟體系，主要包括建設實體經濟、科技創新、現代金融、人力資源協同發展的產業體系和構建市場機制有效、微觀主體有活力、宏觀調控有度的經濟體制兩個方面。這需要堅持品質第一、效益優先，以供給側結構性改

革為主線，推動經濟發展品質變革、效率變革、動力變革，提高全要素生產率。即以效率為核心的品質提升和以產業結構為核心的質態改進，提高供給體系品質，實現高水準供需動態平衡，推動經濟健康發展。

貫徹新發展理念，就要從第一生產要素的人即勞動者、人與生產資料結合的企業，企業與企業集合形成的產業等為主的生產端入手，推進供給側結構性改革。因此，就要在良好的社會風尚中，使知識型、技能型、創新型勞動者大軍有更高的生產效率；降低企業成本，提高企業競爭力，激發和保護企業家精神，使更多的社會主體創新創業；加強基礎設施網絡建設，增加公共產品和服務供給，促進產業優化重組，發展先進製造業並促使形成世界級先進製造業集群，發展戰略性新興產業和現代服務業，在中高端消費、創新引領、綠色低碳、共用經濟、現代供應鏈、人力資本服務等領域培育新增長點、形成新動能，支持傳統產業優化升級，推動新型工業化、信息化、城鎮化、農業現代化同步發展，簡言之，就是要去產能、去庫存、去杠杆、降成本、補短板。

以完善市場競爭機制和發揮政府職能來加快完善社會主義市場經濟體制，也需落實新發展理念。以完善產權制度和要素市場化配置為重點的經濟體制改革，需要完善各類國有資產管理體制，全面實施市場准入負面清單制度，深化商事制度改革，加快要素價格市場化改革，完善市場監管體制。創新和完善宏觀調控，在方式上，將解決總量性問題、短期調控的需求側管理和解決結構性問題、長期調控的供給側管理結合，特別要注重供給側管理。在機制上，健全財政、貨幣、產業、區域等經濟政策協調機制，完善促進消費的體制機制，深

化投融資體制改革，加快建立現代財政制度，建立全面規範透明、標準科學、約束有力的預算制度，深化稅收制度改革，深化金融體制改革，健全貨幣政策和宏觀審慎政策雙支柱調控框架，健全金融監管體系[1]。

（三）抓好各級領導幹部和各類企業主體是貫徹新發展理念的關鍵所在

新發展理念的貫徹涉及國家、地區、組織和個人等層面的各個主體，要充分調動人民群眾和各地方、各部門落實新發展理念的積極性、主動性、創造性。但領導幹部和企業是最主要的責任主體和社會主體。

領導幹部要深學篤用，通過示範引領讓幹部群眾感受到新發展理念的真理力量；用好辯證法，對貫徹落實新發展理念進行科學設計和施工；創新手段，善於通過改革和法治推動貫徹落實新發展理念；守住底線，在貫徹落實新發展理念中及時化解矛盾風險。特別是要提高政治站位，通過結合歷史學，多維比較學，聯繫實際學，不斷學、深入學、持久學，從靈魂深處確立對新發展理念的自覺和自信，提升貫徹發展理念的主動性，將新發展理念貫穿領導活動全過程，努力提高

---

1 習近平：《決勝全面建成小康社會　奪取新時代中國特色社會主義偉大勝利——在中國共產黨第十九次全國代表大會上的報告》，人民出版社 2017 年版，第 33-34 頁。

統籌貫徹新發展理念的能力和水準，不斷開拓發展新境界[1]。

　　企業作為國民經濟的細胞、社會財富的創造者和勞動力的使用者，是市場經濟活動的主要參加者，是社會生產和流通的直接承擔者，是推動社會經濟技術進步的主要力量，不僅是最重要的市場主體，而且是關鍵的社會主體。企業積極踐行新發展理念既是生存發展的必然選擇，也是所應承擔社會責任的集中體現。

　　一方面，要營造氛圍、改革體制促進和引導企業貫徹新發展理念。營造法治、透明、公平的政策環境和輿論環境，特別是營造依法保護企業家合法權益的法治環境、促進企業家公平競爭誠信經營的市場環境、尊重和激勵企業家幹事創業的社會氛圍，更好發揮企業家作用，鼓勵企業投身創新創業。如鼓勵企業家積極投身「一帶一路」建設、京津冀協同發展、長江經濟帶發展等國家重大戰略實施，參與引進來和走出去戰略，參與軍民融合發展，參與中西部和東北地區投資興業，以及在構建和諧勞動關係、節約資源、保護生態等上的作用，就有利於協調發展、綠色發展。引導企業關愛員工、參與光彩事業、公益慈善事業、「萬企幫萬村」精準扶貧行動、應急救災、鄉村振興戰略、就業優先戰略、健康中國戰略等就有利於共用發展。同時，完善社會主義經濟體制，使企業能優勝劣汰。深化國有企業改革，發展混合所有制經濟，培育具有全球競爭力的世界一流企業。全面實施市場准入負面清單制度，清理廢除妨礙統一市場和公平競爭的各種規定和做法，支援民營企業發展。一視同仁、平等對待在我國境內註冊的企

---

1 習近平：〈在省部級主要領導幹部學習貫徹黨的十八屆五中全會精神專題研討班上的講話〉，《人民日報》2016 年 5 月 10 日第 2-3 版。

業。深化科技體制改革，建立以企業為主體、市場為導向、產學研深度融合的技術創新體系，加強對中小企業創新的支援，促進科技成果轉化。完善政府、工會、企業共同參與的協商協調機制，構建和諧勞動關係。構建政府為主導、企業為主體、社會組織和公眾共同參與的環境治理體系。

另一方面，企業要轉型提質增效，弘揚企業家精神，建設符合新發展理念的企業文化，加強黨建工作。國企要率先踐行新發展理念，中小微企業要走「專精特新」的發展路子。作為自主創新的主體，企業特別是企業家、企業科技人員要激發創新活力和創造潛能，造就各類科技人才，扶持青年科技人才和高水準團隊，持續推進產品創新、技術創新、商業模式創新、管理創新、制度創新，將創新創業作為終身追求，增強創新自信，就有利於推動創新發展。弘揚優秀企業家精神，特別是愛國敬業遵紀守法艱苦奮鬥的精神、創新發展專注品質追求卓越的精神、履行責任敢於擔當服務社會的精神[1]。還要通過企業黨組織的能力提升，使企業基層黨組織成為宣傳黨的主張、貫徹黨的決定、領導企業治理、團結動員職工、推動改革發展的堅強戰鬥堡壘，進而為貫徹新發展理念提供組織保障。

---

[1]〈中共中央國務院關於營造企業家健康成長環境　弘揚優秀企業家精神更好發揮企業家作用的意見〉，《人民日報》2017 年 9 月 26 日第 1-2 版。

堅持人民當家作主

堅持人民當家作主。堅持黨的領導、人民當家作主、依法治國有機統一是社會主義政治發展的必然要求。必須堅持中國特色社會主義政治發展道路，堅持和完善人民代表大會制度、中國共產黨領導的多黨合作和政治協商制度、民族區域自治制度、基層群眾自治制度，鞏固和發展最廣泛的愛國統一戰線，發展社會主義協商民主，健全民主制度，豐富民主形式，拓寬民主渠道，保證人民當家作主落實到國家政治生活和社會生活之中。

一、人民當家作主是社會主義民主政治的本質特徵

黨的十九大報告指出：「堅持黨的領導、人民當家作主、依法治國有機統一是社會主義政治發展的必然要求。」[1] 其中，「人民當家作

---

1 習近平：《決勝全面建成小康社會 奪取新時代中國特色社會主義偉大勝利——在中國共產黨第十九次全國代表大會上的報告》，人民出版社 2017 年版，第 22 頁。

主是社會主義民主政治的本質特徵。」[1] 人民當家作主是由我國的國體、民主政治的特徵以及我國的時代條件所決定的：一是人民民主專政的國體；二是社會主義民主的本質特徵；三是中國特色社會主義進入了新時代。

（一）國家的一切權力屬於人民

黨的十九大報告重申：「我國是工人階級領導的、以工農聯盟為基礎的人民民主專政的社會主義國家，國家一切權力屬於人民。」[2]

唯物史觀是人民當家作主的理論基礎。歷史唯物主義認為，人民群眾是社會物質財富的創造者，是社會精神財富的創造者，是社會變革的決定性力量。這就從歷史觀的高度確立了人民群眾創造歷史的主體地位。馬克思恩格斯指出：「歷史活動是群眾的事業，隨著歷史活動的深入，必將是群眾隊伍的擴大。」[3] 這個重要論斷明確了人民群眾是歷史的創造者，是社會活動的主體力量，是社會發展的決定性因素。以馬克思主義的唯物史觀為理論指導的中國共產黨，必然也會堅持人民群眾的主體地位。

中國共產黨的先鋒隊性質決定了黨必須代表中國人民的利益。從性質上來講，中國共產黨是中國工人階級的先鋒隊，同時也是中國人

---

1 習近平：《決勝全面建成小康社會　奪取新時代中國特色社會主義偉大勝利——在中國共產黨第十九次全國代表人會上的報告》，人民出版社 2017 年版，第 36 頁。
2 習近平：《決勝全面建成小康社會　奪取新時代中國特色社會主義偉大勝利——在中國共產黨第十九次全國代表大會上的報告》，人民出版社 2017 年版，第 35 頁。
3 《馬克思恩格斯文集》第 1 卷，人民出版社 2009 年版，第 287 頁。

民和中華民族的先鋒隊，是中國特色社會主義事業的領導核心。作為
先鋒隊，作為領導核心，它必然要代表全體中國人民的利益。1968 年，
毛澤東就指出：「我們的權力是誰給的？是工人階級給的，是貧下中
農給的，是占人口百分之九十以上的廣大勞動群眾給的。我們代表了
無產階級，代表了人民群眾，打倒了人民的敵人，人民就擁護我們。」[1]
所以，社會主義中國的民主政治發展必須堅持人民當家作主，確保「權
力為一般平民所共有，非少數人所得而私」。[2]

　　社會主義中國的憲法規定人民當家作主。1954 年制定的新中國第
一部憲法《中華人民共和國憲法》規定：「中華人民共和國的一切權
力屬於人民。人民行使權利的機關是全國人民代表大會和地方各級人
民代表大會。」「全國人民代表大會、地方各級人民代表大會和其他
國家機關，一律實行民主集中制。」[3]1954 年 9 月，劉少奇同志在他所
作的《關於中華人民共和國憲法草案的報告》中曾對此做出解釋：「我
們國家的大事不是由一個人或少數幾個人來決定的。人民代表大會制
既規定為國家的根本政治制度，一切重大問題就都應當經過人民代表
大會討論，並作出決定。」[4]「人民的共同利益和統一意志，是人民代
表大會和一切國家機關工作的出發點。因此，在這一切國家機關中，
也就能夠在民主的基礎上形成人民的政治一致性。」[5]此後，我國在歷

---

1 中共中央文獻研究室：《毛澤東著作專題摘編》，中央文獻出版社 2003 年版，第 277 頁。
2 中共中央文獻研究室：《毛澤東著作專題摘編》，中央文獻出版社 2003 年版，第 659 頁。
3 中共中央文獻研究室編：《建國以來重要文獻選編》第 5 冊，中央文獻出版社
　2011 年版，第 450-451 頁。
4 《劉少奇選集》下，人民出版社 1985 年版，第 157 頁。
5 《劉少奇選集》下，人民出版社 1985 年版，第 159 頁。

次憲法修正案中，都始終堅持這個根本原則。這就是說，在社會主義中國，人民當家作主是有憲法作根本保障的。

（二）人民當家作主是最廣泛、最真實、最管用的民主

中國的人民當家作主是真實的民主。美國常以「自由世界的領袖」自居，並將其所謂的民主模式作為「普世價值」向全世界尤其是非資本主義國家推廣。但隨著美式民主在國內陷入困境，在拉美世界、阿拉伯世界等地紛紛失敗，美式民主已經成為世界人民的笑柄。相反，被美國一再指責的社會主義國家，卻能真正保障人民當家作主為真實的民主，這實際上是由社會主義國家的性質決定的。列寧曾經指出：「蘇維埃民主或無產階級民主在世界上第一次把民主給了群眾、勞動者、工人和小農。」[1]因此，社會主義民主是人類歷史上最高類型的民主，「比任何資產階級民主要民主百萬倍」。[2]新中國憲法明確規定，中華人民共和國是工人階級領導的、以工農聯盟為基礎的人民民主國家，把人民民主以國家根本大法的形式確定下來。

中國的人民當家作主是最廣泛的民主。美國的邁克爾·帕倫蒂出版過一本著作《少數人的民主》，揭露了隱藏在美國主流意識形態背後的東西。正如書名所言，美國的民主就是「少數人的民主」，是有錢人的民主，正如同美國的總統大選一樣，永遠都只能是有錢人的遊戲。社會主義制度下的民主正是對以美國式民主為代表的資本主義民

---

1 《列寧選集》第 3 卷，人民出版社 1995 年版，第 814 頁。
2 《列寧選集》第 3 卷，人民出版社 1995 年版，第 634 頁。

主的超越。社會主義中國的人民當家作主，是與美國的少數人民主相對立最為廣泛的民主。正如列寧所言：「世界上從來沒有過像蘇維埃政權那樣的大多數人民的國家政權，實際上是大多數人民的政權」[1]，社會主義民主「在世界上史無前例地發展和擴大了的正是對絕大多數居民，即對被剝奪勞動者的民主」。[2] 僅以我國的人民代表大會制度為例，我國《全國人民代表大會和地方各級人民代表大會選舉法》第六條規定：「全國人民代表大會和地方各級人民代表大會的代表應當具有廣泛的代表性，應當有適當數量的基層代表，特別是工人、農民和知識份子代表；應當有適當數量的婦女代表，並逐步提高婦女代表的比例。全國人民代表大會和歸僑人數較多地區的地方人民代表大會，應當有適當名額的歸僑代表。」可見，我國人大代表的選舉法規定和決定了人大代表的廣泛性，為人民當家作主提供了保障。

中國的人民當家作主是最管用的民主。中國特色社會主義民主，能夠有效保證人民享有真實、廣泛的權利與自由，真正通過人民代表大會制度等制度保證人民廣泛參加國家治理和社會治理。中國特色社會主義民主還能夠有效調節政黨關係、民族關係、宗教關係，從而形成安定和諧、團結向上的局面。中國特色社會主義民主還能夠集中力量辦大事，能夠有效促進社會主義現代化建設事業的發展。如今，我們處於全面建成小康和建設富強民主文明和諧美麗的社會主義現代化國家的歷史交匯期，只有實行人民當家作主而不是實行其他什麼民主，才能最有助於以上目標的實現。

---

1 《列寧選集》第 3 卷，人民出版社 1995 年版，第 814 頁。
2 《列寧選集》第 3 卷，人民出版社 1995 年版，第 633 頁。

二、人民當家作主主要體現在人民的權力和主體地位上

在社會主義中國，人民當家作主體現在許多方面，其中，最為重要的就是人民的權力與地位上。一個就是人民享有的管理國家一切事務的權力，一個就是人民在社會生活中的主體地位的體現。

（一）人民當家作主體現在人民管理國家一切事務的權力

《中華人民共和國憲法》第二條規定：「人民依照法律規定，通過各種途徑和形式，管理國家事務，管理經濟文化事業，管理社會事務。」習近平在黨的十九大報告中也指出：「保證人民依法通過各種途徑和形式管理國家事務，管理經濟文化事業，管理社會事務。」[1]可見，人民管理國家一切事物是人民當家作主的重要體現。

人民管理國家一切事物的權力主要是通過以下兩個途徑來實現的。一方面，通過人民代表大會行使國家權力。《中華人民共和國憲法》第二條規定：「人民行使權力的機關是全國人民代表大會和地方各級人民代表大會。」黨的十九大報告把「支持和保證人民通過人民代表大會行使國家權力」列在健全人民當家作主制度體系發展社會主義民主政治之首。

---

1 習近平：《決勝全面建成小康社會　奪取新時代中國特色社會主義偉大勝利——在中國共產黨第十九次全國代表大會上的報告》，人民出版社 2017 年版，第 35 頁。

另一方面，通過人民協商參與日常政治生活。協商民主是實現黨的領導的重要方式，是我國社會主義民主政治的特有形式和獨特優勢。習近平在黨的十九大報告中指出：「加強協商民主制度建設，形成完整的制度程序和參與實踐，保證人民在日常政治生活中有廣泛持續深入參與的權利。」[1]

（二）人民當家作主體現在人民在政治生活中的主體地位

中國共產黨的領導，就是支持和保證實現人民當家作主。習近平總書記就堅持人民主體地位問題進行過多方面的重要論述。十八大之後不久，習近平總書記指出：人民對美好生活的嚮往，就是我們的奮鬥目標。黨的十八屆三中全會指出：全面深化改革要「堅持以人為本，尊重人民主體地位」，「緊緊依靠人民推進改革，促進人的全面發展」[2]。全會還指出：「人民是改革的主體。」[3]黨的十九大報告中指出：新時代中國特色社會主義思想，「必須堅持以人民為中心的發展思想」，「使人民獲得感、幸福感、安全感更加充實、更有保障、更可持續」。[4]無論是強調把人民對美好生活的嚮往作為黨的奮鬥目標，還是提出以人

---

1 習近平：《決勝全面建成小康社會　奪取新時代中國特色社會主義偉大勝利——在中國共產黨第十九次全國代表大會上的報告》，人民出版社 2017 年版，第 38 頁。
2 《中國共產黨第十八屆中央委員會第三次全體會議文件彙編》，人民出版社 2013 年版，第 7 頁。
3 《中國共產黨第十八屆中央委員會第三次全體會議文件彙編》，人民出版社 2013 年版，第 81 頁。
4 習近平：《決勝全面建成小康社會　奪取新時代中國特色社會主義偉大勝利——在中國共產黨第十九次全國代表大會上的報告》，人民出版社 2017 年版，第 19、45 頁。

民為中心的發展思想，主張「人民是改革的主體」，都充分說明了人民在我國政治生活中的主體地位。

三、用制度體系保證人民當家作主

習近平總書記在黨的十九大報告中指出，「健全人民當家作主制度體系，發展社會主義民主政治」；「發展社會主義民主政治就是要體現人民意志、保障人民權益、激發人民創造活力，用制度體系保證人民當家作主」。[1]

（一）獨立自主地堅持和發展社會主義民主政治

世界上從來都沒有普世的政治制度模式。正如習近平總書記所說：「世界上不存在完全相同的政治制度，也不存在適用於一切國家的政治制度模式。」[2] 就以西方所謂的「三權分立」而言，雖然總體上都是堅持此標準，但在具體形式上又是不同的。比如，同為資本主義制度，美國不同於英國。美國是典型的立法行政司法「三權分立」，而英國則是議會制，立法與行政權並不是分立的。同為總統制，但美國不同於法國。美國是總統掌握最高行政權，而法國卻是半議會半總統制。

---

1 習近平：《決勝全面建成小康社會　奪取新時代中國特色社會主義偉大勝利——在中國共產黨第十九次全國代表大會上的報告》，人民出版社 2017 年版，第 36 頁。
2 習近平：〈在慶祝全國人民代表大會成立 60 周年大會上的講話〉，《光明日報》2014 年 9 月 6 日第 2 版。

　　以普世為招牌的所謂西方政治制度模式都是一種意識形態。黨的十八大報告提出要進行具有許多新的歷史特點的偉大鬥爭。這種新的偉大鬥爭重要的方面就是要準備進行意識形態領域的鬥爭。這不僅僅是因為意識形態不僅對經濟基礎和政治上層建築具有重要的反作用，更為重要的是因為意識形態在國際鬥爭中佔據十分重要的地位。以美國為首的西方資本主義國家，意圖「分化」「西化」他國的圖謀一直在繼續，他們的目標並不是要讓那些國家和地區真正地進入資本主義社會，建立先進的工業體系，而是讓他們成為資本主義發達國家的附庸，成為資本主義發達國家發達的「陪葬品」。因此，我們應該警惕任何打著普世旗號宣傳所謂西方政治體制的思想、觀點，警惕它們的別有用心。

　　各國的政治制度都是依據本國國情和社會歷史文化傳統而確立的。習近平總書記指出：「各國國情不同，每個國家的政治制度都是獨特的，都是由這個國家的人民決定的，都是在這個國家歷史傳承、文化傳統、經濟社會發展的基礎上長期發展、漸進改進、內生性演化的結果。」[1]因此，「政治制度不能脫離特定社會政治條件和歷史文化傳統來抽象評判，不能定於一尊」。[2]

　　我們要借鑒國外政治文明有益成果，大力發展中國特色社會主義民主政治，毫不動搖地堅持和發展我國的社會主義民主政治制度。習

1 習近平：〈在慶祝全國人民代表大會成立 60 周年大會上的講話〉，《光明日報》2014 年 9 月 6 日第 2 版。

2 習近平：《決勝全面建成小康社會　奪取新時代中國特色社會主義偉大勝利——在中國共產黨第十九次全國代表大會上的報告》，人民出版社 2017 年版，第 36 頁。

近平總書記指出：「我們需要借鑒國外政治文明有益成果，但絕不能放棄中國政治制度的根本。中國有 960 多萬平方公里土地、56 個民族，我們能照誰的模式辦？誰又能指手畫腳告訴我們該怎麼辦？對豐富多彩的世界，我們應該秉持相容並蓄的態度，虛心學習他人的好東西，在獨立自主的立場上把他人的好東西加以消化吸收，化成我們自己的好東西，但決不能囫圇吞棗、決不能邯鄲學步。照抄照搬他國的政治制度行不通，會水土不服，會畫虎不成反類犬，甚至會把國家前途命運葬送掉。只有紮根本國土壤、汲取充沛養分的制度，才最可靠、也最管用。」[1]

（二）堅定不移走中國特色社會主義政治發展道路

發展社會主義民主政治必須堅持走中國特色社會主義政治發展道路。中國特色社會主義政治發展道路，具有中國特色、符合中國國情、源於人民創造，是符合中國國情、體現中國人民利益的制度選擇。正如習近平所說：「在前進道路上，我們要堅定不移走中國特色社會主義政治發展道路，繼續推進社會主義民主政治建設、發展社會主義政治文明。」[2]

中國特色社會主義政治發展道路是近代以來中國人民接續奮鬥的結果。習近平總書記指出：「中國特色社會主義政治發展道路，是

---

1 習近平：〈在慶祝全國人民代表大會成立 60 周年大會上的講話〉，《光明日報》2014 年 9 月 6 日第 2 版。
2《十八大以來重要文獻選編》中，中央文獻出版社 2016 年版，第 59 頁。

近代以來中國人民長期奮鬥歷史邏輯、理論邏輯、實踐邏輯的必然結果。」[1]自鴉片戰爭以來，中國人民就在追求國家解放、人民政府、政治發展的出路，經過幾代中國共產黨人的艱辛「接續」探索和奮鬥，建立了新中國，從而為當代中國政治發展道路的確立提供了政治前提、制度基礎和經驗教訓。

　　中國特色社會主義政治發展道路的開闢源於改革開放。習近平總書記指出：「改革開放以來，我們黨團結帶領人民在發展社會主義民主政治方面取得了重大進展，成功開闢和堅持了中國特色社會主義政治發展道路，為實現最廣泛的人民民主確立了正確方向。」[2]新中國成立後的三十年，尤其是「文革」十年，中國政治發展道路步履蹣跚、曲曲折折，最終實現轉變是從改革開放重新確立起實事求是的思想路線開始的。

　　中國特色社會主義政治發展道路是從中國土壤中「生長」起來的。習近平總書記指出：「中國特色社會主義政治制度之所以行得通、有生命力、有效率，就是因為它是從中國的社會土壤中生長起來的。中國特色社會主義政治制度過去和現在一直生長在中國的社會土壤之中，未來要繼續茁壯成長，也必須深深紮根於中國的社會土壤。」[3]這也是為何稱當代中國的政治發展道路為「中國特色社會主義」的政治發展道路的原因。它是合我們的腳的政治發展道路。

1 習近平：《決勝全面建成小康社會　奪取新時代中國特色社會主義偉大勝利──在中國共產黨第十九次全國代表大會上的報告》，人民出版社 2017 年版，第 36 頁。
2《十八大以來重要文獻選編》上，中央文獻出版社 2014 年版，第 88 頁。
3 習近平：〈在慶祝全國人民代表大會成立 60 周年大會上的講話〉，《光明日報》2014 年 9 月 6 日第 2 版。

（三）健全制度體系保證人民當家作主落到實處

　　用制度保障人民當家作主落實到國家政治生活和社會生活之中。十八大以來，習近平總書記特別強調要「決策落地生根」。對於人民當家作主而言，無論是發展社會主義民主政治，健全中國特色社會主義政治制度體系，還是堅持和完善人民代表大會制度，其最終的目的都是為了「保證人民依法通過各種途徑和形式」管理各項事務[1]，從而真真正正讓人民成為「主人翁」，真正成為國家和社會的主人，真正當家作主。因此，習近平總書記在強調堅持和完善中國特色社會主義制度體系的同時，強調必須「鞏固和發展最廣泛的愛國統一戰線，發展社會主義協商民主，健全民主制度，豐富民主形式，拓寬民主渠道，保證人民當家作主落實到國家政治生活和社會生活之中。」[2]

　　中國特色社會主義政治制度為人民當家作主提供了制度保障。新中國成立以來，社會主義在中國經歷了近 70 年的不斷發展和進化，創造了中國特色社會主義政治發展道路，形成了中國特色社會主義政治制度體系。這一具有中國特色的制度體系包含有豐富的制度內容，它包括工人階級領導的、以工農聯盟為基礎的人民民主專政的國體，人民代表大會制度的政體，中國共產黨領導的多黨合作和政治協商制度、民族區域自治制度以及基層群眾自治制度。因此，習近平總書記

1　習近平：《決勝全面建成小康社會　奪取新時代中國特色社會主義偉大勝利——在中國共產黨第十九次全國代表大會上的報告》，人民出版社 2017 年版，第 36 頁。

2　習近平：《決勝全面建成小康社會　奪取新時代中國特色社會主義偉大勝利——在中國共產黨第十九次全國代表大會上的報告》，人民出版社 2017 年版，第 22 頁。

在十九大報告中強調：必須「堅持和完善人民代表大會制度、中國共產黨領導的多黨合作和政治協商制度、民族區域自治制度、基層群眾自治制度。」[1]堅持人民當家作主就必須牢牢堅持和不斷發展完善我國的社會主義民主政治制度。

　　健全人民當家作主制度體系，為人民當家作主提供制度保障，最為關鍵的是堅持和完善人民代表大會制度。習近平總書記指出：「人民代表大會制度是堅持黨的領導、人民當家作主、依法治國有機統一的根本政治制度安排，必須長期堅持、不斷完善。要支持和保證人民通過人民代表大會行使國家權力。發揮人大及其常委會在立法工作中的主導作用，健全人大組織制度和工作制度，支援和保證人大依法行使立法權、監督權、決定權、任免權，更好發揮人大代表作用，使各級人大及其常委會成為全面擔負起憲法法律賦予的各項職責的工作機關，成為同人民群眾保持密切聯繫的代表機關。完善人大專門委員會設置，優化人大常委會和專門委員會組成人員結構。」[2]人民代表大會制度是落實人民當家作主的最為重要的渠道。以全國人民代表大會為例，當選的全國人民代表大會代表，結構與分佈比較合理，各項構成比例均符合中央要求，具有廣泛代表性，保證了全國人民能夠通過人大代表行使管理國家事務、管理社會事務的權利。

---

1 習近平：《決勝全面建成小康社會　奪取新時代中國特色社會主義偉大勝利——在中國共產黨第十九次全國代表大會上的報告》，人民出版社 2017 年版，第 22 頁。
2 習近平：《決勝全面建成小康社會　奪取新時代中國特色社會主義偉大勝利——在中國共產黨第十九次全國代表大會上的報告》，人民出版社 2017 年版，第 37 頁。

堅持全面依法治國

　　堅持全面依法治國。全面依法治國是中國特色社會主義的本質要求和重要保障。必須把黨的領導貫徹落實到依法治國全過程和各方面，堅定不移走中國特色社會主義法治道路，完善以憲法為核心的中國特色社會主義法律體系，建設中國特色社會主義法治體系，建設社會主義法治國家，發展中國特色社會主義法治理論，堅持依法治國、依法執政、依法行政共同推進，堅持法治國家、法治政府、法治社會一體建設，堅持依法治國和以德治國相結合，依法治國和依規治黨有機統一，深化司法體制改革，提高全民族法治素養和道德素質。

一、全面依法治國具有重大的現實意義

　　全面依法治國，是解決黨和國家事業發展面臨的一系列重大問題，解放和增強社會活力、促進社會公平正義、維護社會和諧穩定、

確保黨和國家長治久安的根本要求。

（一）全面依法治國對於實現全面建成小康社會至關重要

全面建成小康社會與全面推進依法治國相互支持、相互促進。當前，全面建成小康社會進入關鍵階段，改革進入啃硬骨頭的時期。在這個階段，我們黨所肩負的任務非常艱巨，我們黨面對的環境卻又空前複雜，依法治國在黨和國家全域工作中的地位更加突出、作用更加重要。我們要實現全面建成小康社會戰略目標，實現中華民族偉大復興的中國夢，就必須高度重視全面推進依法治國。《中共中央關於全面推進依法治國若干重大問題的決定》明確指出，「全面建成小康社會，實現中華民族偉大復興的中國夢⋯⋯必須全面推進依法治國。」

實際上，全面建成小康社會並不是一個孤立的目標，它是一個包含「法治小康」在內的總體戰略目標。2020 年，我們將基本建成法治中國的階段性目標，即「法治小康」目標。「法治小康」既是全面建成小康社會的內在組成部分，又是實現全面建成小康社會的可靠保障。「法治小康」所具有的制度安排、規範手段、思想意識等都會對「全面建成小康社會」目標的實現提供可靠的保障。全面推進依法治國的戰略目標就是全面建成小康社會。

（二）全面依法治國是全面深化改革的堅實保障

全面推進依法治國是全面深化改革得以開展、能夠成功的可靠保障。全面深化改革要在法律框架內開展。要實現立法和改革決策相銜

接，做到重大改革於法有據，立法主動適應改革發展需要。在研究改革方案和改革措施時，要同步考慮改革涉及的立法問題，及時提出立法需求和立法建議。實踐證明行之有效的，要及時上升為法律。實踐條件還不成熟、需要先行先試的，要按照法定程序做出授權。對不適應改革要求的法律法規，要及時修改和廢止。政府職能轉變到哪一步，法治建設就要跟進到哪一步。

用法治手段來鞏固改革成果，引導改革創新，推動改革深化，是全面深化改革的必然要求。要發揮法治對轉變政府職能的引導和規範作用，既要重視通過制定新的法律法規來固定轉變政府職能已經取得的成果，引導和推動轉變政府職能的下一步工作，又要重視通過修改或廢止不合適的現行法律法規為轉變政府職能掃除障礙。全面推進依法治國是黨中央治國理政的基本方略。

（三）全面依法治國是全面從嚴治黨的重要要求和法治保障

黨的領導與全面依法治國是一致的，全面依法治國必須堅持黨的領導，黨的領導必須依靠全面依法治國。堅持黨的領導是全面依法治國的根本要求，是黨和國家的根本利益所在，是全國各族人民的利益和幸福所在，是全面推進依法治國的題中應有之義。從嚴治黨的任何措施都不能背離中國特色社會主義法律的精神和法治方向。

黨的領導必須依靠社會主義法治。我們黨依法執政，既要求依據憲法法律治國理政，也要求黨依據黨內法規管黨治黨。把權力關進制度的籠子裡，是對全面從嚴治黨最形象的詮釋，也是對依法治國和從

嚴治黨關係最生動的表述。我們黨經過 90 多年的實踐探索，形成了一整套系統完備、運行有效的黨內法規。這既是我們黨的一大政治優勢，也是全面依法治國、建設社會主義法治國家的政治保證。

　　加強法治建設，用制度治黨、管權、治吏是社會主義法治建設的應有之義。通過讓鐵規發力，讓禁令生威，中國共產黨能夠構建嚴密的權力運行制約和監督體系，真正地把權力關進制度的籠子裡。提高法治能力要求領導幹部必須忠於法律，對憲法和法律存敬畏之心，在憲法和法律規定的範圍內活動，確保領導幹部在履職中「牢記法律底線不可逾越」，這對於反腐敗鬥爭的開展，對於構建良好的政治生態，贏得人民群眾的支持和擁護具有重要的意義。

（四）全面依法治國是加強國家治理的重要途徑

　　法律是治國之重器，在中國這樣一個擁有廣袤領土和眾多人口的大國，國家的治理能力對於國家的發展至關重要，這是中國作為一個統一的多民族國家生存和發展的基本前提。隨著經濟社會的發展，國內各地區、各民族的不平衡有所拉大，全面增強國家尤其是中央政府的治理能力。在我國，黨的政策是國家法律的先導和指引，是立法的依據和執法司法的重要指導。黨的政策成為國家法律後，實施法律就是貫徹黨的意志，依法辦事就是執行黨的政策。

　　法治是國家治理體系和治理能力的重要依託。法治能夠加強中國的國家治理能力，為黨和國家事業發展，為社會和諧穩定，為國家長治久安提供一套更完備、更穩定、更管用的制度體系。國家機構要提高履職能力，提升政府公信力，必須循法而行，提高法治能力。為此，

必須提高領導幹部運用法治思維和法治方式深化改革、推動發展、化解矛盾、維護穩定能力。

　　不斷開拓中國特色社會主義事業更加廣闊的發展前景，就必須全面推進社會主義法治國家建設，從法治上為解決這些問題提供制度化方案。讓法治真正成為黨和國家生活的一部分，成為經濟發展和增長的一個主要推動力，成為整個社會文明進步的一個很好的保障。立法要主動適應改革和經濟社會發展需要，市場經濟的運行也會產生和形成符合市場經濟發展的規則和慣例，只有當法律將其固定下來之後，市場經濟的規則才具有了基本的穩定性和可靠性。

　　隨著社會經濟的發展，社會利益關係更加複雜化，人民內部矛盾和其他社會矛盾凸顯。如何解決人民群眾在經濟社會交往中出現的矛盾和問題，是社會主義法治建設的重要任務。當前，我國全面建成小康社會進入決定性階段，改革進入攻堅期和深水區，經濟發展進入新常態，這就特別要求我們黨增強依法治國的能力，各級政府必須增強依法執政的本領。

二、新時代全面依法治國的基本原則

　　全面推進依法治國，就是要在中國共產黨領導下，堅持中國特色社會主義制度，貫徹中國特色社會主義法治理論，形成完備的法律規範體系、高效的法治實施體系、嚴密的法治監督體系、有力的法治保障體系，形成完善的黨內法規體系，堅持依法治國、依法執政、依法行政共同推進，堅持法治國家、法治政府、法治社會一體建設，實現

科學立法、嚴格執法、公正司法、全民守法，促進國家治理體系和治理能力現代化。

（一）必須堅持中國共產黨的領導

黨的領導是中國特色社會主義法治道路的本質特徵。在社會主義中國，黨和法、黨的領導和依法治國是高度統一的。社會主義法治必須堅持黨的領導，黨的領導必須依靠社會主義法治。依法治國是我們黨提出來的，把依法治國上升為黨領導人民治理國家的基本方略也是我們黨提出來的，而且黨一直帶領人民在實踐中推進依法治國。法是黨的主張和人民意願的統一體現，黨領導人民制定和實施憲法法律，黨自身必須在憲法法律範圍內活動，這就是黨的領導力量的體現。把黨的領導貫徹到依法治國全過程和各方面，是我國社會主義法治建設的一條基本經驗。把堅持黨的領導、人民當家作主、依法治國有機統一起來，是我國法治與西方所謂「憲政」的根本區別，也是中國特色社會主義法治的優越性之所在。

黨的領導是中國社會主義法治有序推進的重要保證。在中國法治建設中，最大的推動力來自黨中央，要堅持黨總攬全域、協調各方的領導核心作用，統籌依法治國各領域工作，確保黨的主張貫徹到依法治國全過程和各方面。只有在堅強有力的黨中央的領導下才能實現依法治國、厲行法治，人民當家作主才能充分實現，國家和社會生活法治化才能有序推進。

黨的領導能夠確保法治始終代表最廣大人民的利益。法是國家意志的體現，是統治階級實現其利益的工具。在社會主義中國，法體現

的就是人民政權的意志，維護和保障的就是廣大人民群眾的根本利益。中國共產黨代表的就是最廣大人民群眾的最根本利益，黨的宗旨就是全心全意為人民服務，黨帶領全國各族人民進行革命、建設和改革的目的，就是為了讓國家政權和國家法制充分體現人民的意志。因此，依法治國和黨的領導都是為了一個共同的目的——維護人民利益，體現人民意志。人民的利益與意志是依法治國與黨的領導能夠實現辯證統一的基石與連接點。始終堅持在廣大人民根本利益上的辯證統一，是依法治國和黨的領導相互協調、相互促進的關鍵所在。

（二）必須堅持人民主體地位

人民的主體地位，是中國特色社會主義法治的重要特徵，是中國特色社會主義法治的制度優勢，也是中國社會主義法治區別於西方資本主義法治的根本所在。

依法治國必須致力於實現人民的利益。堅持人民主體地位，必須堅持法治為了人民、依靠人民、造福人民、保護人民。要保證人民在黨的領導下，依照法律規定，通過各種途徑和形式管理國家事務，管理經濟和文化事業，管理社會事務。要把體現人民利益、反映人民願望、維護人民權益、增進人民福祉落實到依法治國全過程，使法律及其實施充分體現人民意志。要充分發揮人民群眾在法治工作中的積極性，通過更多的民主渠道把人民的利益反映到立法工作中來，使人民利益能夠在法治過程中充分地表達出來，真正實現人民權益得到充分的靠法律保障。

依法治國必須依靠人民的支持和擁護。法律權威必須依靠人民去

維護，要充分調動人民群眾投身依法治國實踐的積極性和主動性，使全體人民都成為社會主義法治的忠實崇尚者、自覺遵守者、堅定捍衛者，使尊法、信法、守法、用法、護法成為全體人民的共同追求。要推動全社會樹立法治意識，提高社會治理法治化水準，支持各類社會主體自我約束、自我管理，發揮市民公約、鄉規民約、行業規章、團體章程等社會規範在社會治理中的積極作用。保障人民群眾參與司法，加強人權司法保障，加強對司法活動的監督，著力建設一支忠於黨、忠於國家、忠於人民、忠於法律的社會主義法治工作隊伍。

依法治國必須以人民滿意為檢驗標準。我們是社會主義國家，社會主義制度的先進性、優越性集中體現就是一切以人民的利益為標準。依法治國效果的好壞，一定要用人民滿意與否來檢驗，唯此才能真正調動人民的積極性和創造性，真正體現社會主義法治國家的優越性。

（三）必須堅持法律面前人人平等

在立法中堅持人人平等的原則。在社會主義國家，隨著生產力的不斷發展和各項制度的不斷完善，經濟剝削最終必然要被消滅，一切不平等和不公正的體制和制度必然要被消除，全體人民在經濟、政治、文化等各個方面都將享有同等的權利，從而最終實現人的自由而全面的發展。因此，社會主義從本質上體現了公正、平等的要求，平等是社會主義題中應有之義。社會主義法律作為由社會主義國家立法機關或國家機關制定、由國家政權保證執行的各種行為規則的總和，反映了廣大人民的根本利益和共同意志。

在執法中堅持人人平等的原則。不斷提高運用法治思維和法治方

式深化改革、推動發展、化解矛盾、維護穩定能力。深入推進依法行政，使各級政府堅持在黨的領導下、在法治軌道上開展工作，建立權責統一、權威高效的依法行政體制，加快建設職能科學、權責法定、執法嚴明、公開公正、廉潔高效、守法誠信的法治政府。深化行政執法體制改革，堅持嚴格規範公正文明執法，強化對行政權力的制約和監督，營造公平的社會環境，保證全體人民依法管理國家事務和社會事務、管理經濟和文化事業、平等參與社會主義現代化建設、平等享有各項權益。

在司法中堅持人人平等的原則。司法是社會公平正義的最後一道屏障，司法正義對於實現人人平等具有重要的意義。在全面依法治國的進程中，要確保司法審判的公正性，任何人違反憲法法律都要受到追究。尤其是各級領導幹部要對法律懷有敬畏之心，帶頭依法辦事，帶頭遵守法律，確保司法審判的中立性和公正性。在確保法治工作的中立性方面，絕不允許任何人以任何藉口任何形式以言代法、以權壓法、徇私枉法，切實保障法律面前人人平等的實現。

在守法中堅持人人平等的原則。首先引導各級幹部深刻認識到，維護憲法法律權威就是維護黨和人民共同意志的權威，捍衛憲法法律尊嚴就是捍衛黨和人民共同意志的尊嚴，保證憲法法律實施就是保證黨和人民共同意志的實現。確保法律面前人人平等，還必須依靠黨和人民群眾對法治工作的監督。必須以規範和約束公權力為重點，加大監督力度，加大信息公開，做到有權必有責、用權受監督、違法必追究。必須通過各種手段堅決糾正有法不依、執法不嚴、違法不究的行為。

（四）必須堅持從中國實際出發

堅持從中國社會主義道路出發。道路決定命運，道路問題是法治建設的根本問題。中國特色社會主義道路是黨和國家各項事業順利發展的總道路。我國社會主義法治建設之所以能夠取得歷史性成就，對中國特色社會主義事業發揮重要的引領和保障作用，最根本的就是走對了道路，走出了一條中國特色社會主義道路在法治方面具體化的中國特色社會主義法治道路。今天，我們全面推進依法治國，最根本的是要堅定不移沿著中國特色社會主義道路前進，堅持走中國特色社會主義法治道路。

堅持從全面深化改革的現實出發。堅持從實際出發，就是法治建設要與我國的社會主義實踐相結合，要突出中國特色、實踐特色、時代特色。要總結和運用黨領導人民實行法治的成功經驗，圍繞社會主義法治建設重大理論和實踐問題，不斷豐富和發展符合中國實際、具有中國特色、體現社會發展規律的社會主義法治理論，為依法治國提供理論指導和學理支撐。要從我國現實面臨的實際出發，同推進國家治理體系和治理能力現代化相適應，推進中國的社會主義法治事業向前發展。既不能罔顧國情、超越階段，也不能因循守舊、墨守成規。

堅持從對外開放的環境出發。法治建設要從我國實際出發，不等於關起門來搞法治。法治是人類文明的重要成果之一，法治的精髓和要旨對於各國國家治理和社會治理具有普遍意義，我們要學習借鑒世界上優秀的法治文明成果。改革開放 40 年來，我國在立法實踐中借鑒和吸收了大量的域外法治成果，與國際社會的法治合作進一步加強，這對中國的經濟發展和對外貿易起到了至關重要的作用。值得注意的

是，學習借鑒不等於是簡單的拿來主義，必須堅持以我為主、為我所用，認真鑒別、合理吸收，獨立自主地進行適合中國特色的法治建設。在中國的法治建設中，絕不能搞「全盤西化」，絕不能搞「全面移植」，絕不能照搬照抄。

三、新時代全面依法治國的實踐路徑

依法治國是我國憲法確定的治理國家的基本方略。準確把握全面推進依法治國工作佈局，堅持依法治國、依法執政、依法行政共同推進，堅持法治國家、法治政府、法治社會一體建設。全面推進依法治國是一項龐大的系統工程，必須統籌兼顧、把握重點、整體謀劃，在共同推進上著力，在一體建設上用勁。

（一）法治國家、法治政府、法治社會一體建設

法治國家是根本。建設法治中國，就要堅持法治國家，這是立國之根本。法治國家指整個國家公權力的法治化。堅持法治國家，必須建設中國特色社會主義法治理論，形成完備的法律規範體系、高效的法治實施體系、嚴密的法治監督體系、有力的法治保障體系，形成完善的黨內法規體系；堅持法治國家，必須實現科學立法、嚴格執法、公正司法、全民守法，促進國家治理體系和治理能力現代化。要加強憲法和法律實施，維護社會主義法制的統一、尊嚴、權威，形成人們不願違法、不能違法、不敢違法的法治環境。

法治政府是關鍵。依法治國的關鍵在於黨能不能堅持依法執政，各級政府能不能依法行政。我們要增強依法執政意識，堅持以法治的理念、法治的體制、法治的程序開展工作，改進黨的領導方式和執政方式，推進依法執政制度化、規範化、程序化。健全依法決策機制，把公眾參與、專家論證、風險評估、合法性審查、集體討論決定確定為重大行政決策法定程序，建立行政機關內部重大決策合法性審查機制。執法是行政機關履行政府職能、管理經濟社會事務的主要方式，各級政府必須依法全面履行職能，堅持法定職責必須為、法無授權不可為，健全依法決策機制，完善執法程序，嚴格執法責任，做到嚴格規範公正文明執法。

法治社會是保障。全面推進依法治國需要全社會共同參與，需要全社會法治觀念增強。要深入開展法制宣傳教育，在全社會弘揚社會主義法治精神，引導全體人民遵守法律、有問題依靠法律來解決，形成守法光榮的良好氛圍。必須在全社會弘揚社會主義法治精神，建設社會主義法治文化。要在全社會樹立法律權威，使人民認識到法律既是保障自身權利的有力武器，也是必須遵守的行為規範，培育社會成員辦事依法、遇事找法、解決問題靠法的良好環境，自覺抵制違法行為，自覺維護法治權威。要努力讓人民群眾在每一個司法案件中都感受到公平正義，使人民群眾成為社會主義法治建設的擁護者。

（二）依法治國和以德治國相結合

法律是成文的道德，道德是內心的法律，法律和道德都具有規範社會行為、維護社會秩序的作用。堅持依法治國和以德治國相結合，

強調法治和德治兩手抓、兩手都要硬，實現法律和道德相輔相成、法治和德治相得益彰，既是歷史經驗的總結，也是對治國理政規律的深刻把握。

要強化道德對法治的支撐作用。沒有道德滋養，法治文化就缺乏源頭活水，法律實施就缺乏堅實社會基礎。為此，要在道德體系中體現法治要求，發揮道德對法治的滋養作用，努力使道德體系同社會主義法律規範相銜接、相協調、相促進；要在道德教育中突出法治內涵，注重培育人們的法律信仰、法治觀念、規則意識，引導人們自覺履行法定義務、社會責任、家庭責任，營造全社會都講法治、守法治的文化環境，使得遵紀守法成為人民發自內心的自覺行動。

要把道德要求貫徹到法治建設中。發揮好法律的規範作用，必須以法治體現道德理念、強化法律對道德建設的促進作用。道德是法律的基礎，只有那些合乎道德、具有深厚道德基礎的法律才能為更多人所自覺遵行。以法治承載道德理念，道德才有可靠制度支撐。法律法規要樹立鮮明道德導向，弘揚美德義行，使法律法規更多體現道德理念和人文關懷，通過法律的強制力來強化道德作用、確保道德底線，推動全社會道德素質提升。立法、執法、司法都要體現社會主義道德要求，使社會主義法治成為良法善治。要把實踐中廣泛認同、較為成熟、操作性強的道德要求及時上升為法律規範，引導全社會崇德向善。

運用法治手段解決道德領域突出問題。法律是底線的道德，也是道德的保障。要加強相關立法工作，明確對失德行為的懲戒措施。要依法加強對群眾反映強烈的失德行為的整治。對突出的誠信缺失問題，既要抓緊建立覆蓋全社會的征信系統，又要完善守法誠信褒獎機制和違法失信懲戒機制，使人不敢失信、不能失信。對見利忘義、制假售

假的違法行為，要加大執法力度，讓敗德違法者受到懲治、付出代價。法律是道德的保障，可以通過強制性規範人們行為、懲罰違法行為來引領道德風尚，進而解決困擾當前社會的某些突出的倫理道德問題。

發揮領導幹部在德、法並治中的關鍵作用。各級領導幹部在推進依法治國方面肩負著重要責任，必須抓住領導幹部這個「關鍵少數」。領導幹部既應該做全面依法治國的重要組織者、推動者，也應該做道德建設的積極倡導者、示範者。要堅持把領導幹部帶頭學法、模範守法作為全面依法治國的關鍵，推動領導幹部學法經常化、制度化。以德修身、以德立威、以德服眾，是幹部成長成才的重要因素。領導幹部要努力成為全社會的道德楷模，帶頭踐行社會主義核心價值觀，講黨性、重品行、作表率，帶頭注重家庭、家教、家風，保持共產黨人的高尚品格和廉潔操守，以實際行動帶動全社會崇德向善、尊法守法。

（三）依法治國和依規治黨有機統一

依規治黨是依法治國的引領和保障，依法治國是依規治黨的基礎和依託，二者統一於走中國特色社會主義法治道路的偉大實踐中。加強黨內法規制度建設是全面從嚴治黨的長遠之策、根本之策。我們黨要履行好執政興國的重大歷史使命、贏得具有許多新的歷史特點的偉大鬥爭勝利、實現黨和國家的長治久安，必須堅持依法治國與制度治黨、依規治黨統籌推進、一體建設。

加強黨內法規制度建設。黨內法規既是管黨治黨的重要依據，也是建設社會主義法治國家的有力保障。黨章是最根本的黨內法規，全黨必須一體嚴格遵行。完善黨內法規制定體制機制，加大黨內法規

備案審查和解釋力度，形成配套完備的黨內法規制度體系。注重黨內法規同國家法律的銜接和協調，提高黨內法規執行力，運用黨內法規把黨要管黨、從嚴治黨落到實處，促進黨員、幹部帶頭遵守國家法律法規。黨的紀律是黨內規矩，必須依紀依法整治各種特權行為。同時必須強調，制定黨內法規應當遵守黨必須在憲法和法律範圍內活動的原則。

以依規治黨帶動依法治國。黨規黨紀嚴於國家法律，這是中國共產黨作為國家執政黨的必然要求，只有這樣，才能確保黨和國家的領導幹部有超越常人的責任和壓力。治國必先治黨，治黨務必從嚴，治國依法、治黨依規，這是黨領導人民依法執政、依法治國的一條基本經驗，必須長期堅持。黨的各級組織和廣大黨員幹部不僅要模範遵守國家法律，而且要按照黨規黨紀以更高標準嚴格要求自己，堅定理想信念，踐行黨的宗旨，堅決同違法亂紀行為作鬥爭。榜樣的力量是無窮的，只要黨員幹部特別是領導幹部帶頭學法、模範守法，自覺維護憲法和法律的尊嚴和權威，就可以有力帶動國家機關、社會組織和人民群眾遵法守法，增強全社會厲行法治的積極性和主動性，形成守法光榮、違法可恥的社會氛圍。

要著力解決少數幹部以權壓法的問題。每個黨政組織、每個領導幹部，必須服從和遵守憲法法律，絕不能把黨的領導作為個人以言代法、以權壓法、徇私枉法的擋箭牌。我們要在法治建設實踐中切實解決一些地方和部門、某些領導幹部中依然存在的權大於法、以權壓法、以言廢法、有法不依、執法不嚴、違法不究、司法不公、貪贓枉法等問題，要在制度和實踐中下大力氣解決好依法治權、依法治官、切實把權力關進法律和制度籠子裡等重大制度和現實問題。

（四）深化司法體制改革

要充分發揮黨的領導的制度優勢。深化司法體制改革，完善司法管理體制和司法權力運行機制，必須在黨的統一領導下進行，堅持和完善我國社會主義司法制度。要把黨總攬全域、協調各方，同審判機關和檢察機關依法履行職能、開展工作統一起來。各級黨組織和領導幹部都要旗幟鮮明支持司法機關依法獨立行使職權，絕不容許利用職權干預司法。司法體制改革事關全域，要加強頂層設計，自上而下有序推進。

要全面落實司法責任制，深入推進以審判為中心的刑事訴訟制度改革。推進公正司法，要以優化司法職權配置為重點，健全司法權力分工負責、相互配合、相互制約的制度安排。要堅持以公開促公正、樹公信，構建開放、動態、透明、便民的陽光司法機制，杜絕暗箱操作，堅決遏制司法腐敗。凡是進入法官、檢察官員額的，要在司法一線辦案，對案件品質終身負責。司法人員要剛正不阿，勇於擔當，敢於依法排除來自司法機關內部和外部的干擾，堅守公正司法的底線。法官、檢察官要有審案判案的權力，也要加強對他們的監督制約，把對司法權的法律監督、社會監督、輿論監督等落實到位，保證法官、檢察官做到「以至公無私之心，行正大光明之事」。

要將司法體制改革和現代科技應用結合起來。要善於運用新技術，通過推動電子卷宗自動生成、案件信息自動檢索、法條案例自動推送等，使法官檢察官能夠從大量的重複性勞動中解放出來，集中精力處理司法核心業務。要找准人工智慧要素式提取和類型案件要件式解構的結合點，推進民商事案件要件化、標準化審理，特別是在非訟案

件、程序性裁定、小額訴訟等簡易案件中推廣使用令狀式、格式化裁判文書，進一步提高司法品質效率。

　　司法體制改革的成效要由人民說了算。司法體制改革成效如何，說一千道一萬，要由人民來評判，歸根到底要看司法公信力是不是提高了。深化司法體制改革，要廣泛聽取人民群眾意見，深入瞭解一線司法實際情況、瞭解人民群眾到底在期待什麼，把解決了多少問題、人民群眾對問題解決的滿意度作為評判改革成效的標準。只有這樣才能把司法權關進制度的籠子，讓公平正義的陽光照進人民心田，讓老百姓看到實實在在的改革成效。

（五）提高全民族法治素養和道德素質

　　健全普法宣傳教育責任制。各級黨委和政府要加強對普法工作的領導，協調宣傳部門和專業部門的工作，重點確保普法責任制的有效落實。一方面，宣傳、文化、教育部門和人民團體要在普法教育中發揮職能作用，這些部門和團體一般擁有比較廣泛的宣傳渠道，具有宣傳思想工作的豐富經驗，能夠有效地做好普法工作。另一方面，實行國家機關「誰執法誰普法」的普法責任制，建立法官、檢察官、行政執法人員、律師等以案釋法制度，加強普法講師團、普法志願者隊伍建設，這些群體擁有法律領域的專業經驗，能夠真正確保法治教育不走樣。

　　把法治教育納入國民教育體系。教育是國之大計，要把法治教育納入國民教育體系和精神文明創建內容，要堅持法治教育從娃娃抓起，從青少年抓起，在小學、中學到大學各個階段設立不同層次的法

治知識課程，由易到難、循序漸進，不斷增強全體公民的規則意識和法律意識。要堅持把全民普法和守法作為中國教育體系的長期基礎性工作，採取有力措施加強法制宣傳教育，培養知法、懂法、守法的社會主義新公民，引導全民自覺守法、遇事找法、解決問題靠法。換言之，法治教育和法治素養應該成為社會化過程中的應有之義。

把法治教育納入精神文明創建內容。開展群眾性法治文化活動，健全媒體公益普法制度，加強新媒體新技術在普法中的運用，提高普法實效。要推動法制宣傳教育常態化、持久化，普及法律知識、法律常識，用公平公正的司法實踐展示法治的力量、堅定人們對法治的信心，在全社會樹立憲法和法律至上的理念、一切以法律為準繩的理念、法律面前人人平等的理念。要健全公民和組織守法信用記錄，完善守法誠信褒獎機制和違法失信行為懲戒機制，形成守法光榮、違法可恥的社會氛圍，使全體人民都成為社會主義法治的堅定捍衛者和自覺遵守者。

堅持社會主義核心價值體系

　　堅持社會主義核心價值體系。文化自信是一個國家、一個民族發展中更基本、更深沉、更持久的力量。必須堅持馬克思主義，牢固樹立共產主義遠大理想和中國特色社會主義共同理想，培育和踐行社會主義核心價值觀，不斷增強意識形態領域主導權和話語權，推動中華優秀傳統文化創造性轉化、創新性發展，繼承革命文化，發展社會主義先進文化，不忘本來、吸收外來、面向未來，更好構築中國精神、中國價值、中國力量，為人民提供精神指引。

一、新時代中國特色社會主義文化發展的基本方略

　　堅持社會主義核心價值體系，就是在文化建設方面貫徹落實習近平新時代中國特色社會主義思想的基本方略，這個方略是改革開放以來我國精神文明建設經驗的深刻總結，是中國特色社會主義總體佈局的內在要求，是我國文化發展的基本遵循。

（一）社會主義精神文明和核心價值體系建設的理論提升

堅持社會主義核心價值體系，是對改革開放以來社會主義精神文明建設和新世紀新階段以來社會主義核心價值體系建設的繼承和發展。

改革開放之初，我們黨就創造性地提出了建設社會主義精神文明的戰略任務，確立了「兩手抓、兩手都要硬」的戰略方針。1981年，黨的十一屆六中全會決議第一次把黨在新時期的奮鬥目標概括為建設「現代化的、高度民主的、高度文明的社會主義強國」。1986年，黨的十二屆六中全會專門研究了社會主義精神文明建設的議題，對社會主義精神文明建設的戰略地位、根本任務、基本要求、指導思想作出了全面部署。1996年，黨的十四屆六中全會專門研究了「關於加強社會主義精神文明建設」的重大議題，對社會主義市場經濟條件下精神文明建設的指導思想、奮鬥目標、具體要求、投入保障作出了重大部署。

社會主義精神文明建設以馬克思主義為指導，以培育有理想、有道德、有文化、有紀律的社會主義公民為根本任務，旨在牢固樹立中國特色社會主義共同理想，提高全民族的思想道德素質和科學文化素質，為物質文明建設提供精神動力、智力支援和思想保證。可以說，社會主義精神文明建設孕育了社會主義核心價值體系的基本要素，黨的十九大提出的「堅持社會主義核心價值體系」是對社會主義精神文明建設的繼承和發展。

新世紀新階段黨提出了建設社會主義核心價值體系的重大思想，並不斷深化了對社會主義核心價值體系戰略地位的認識。2006年，黨的十六屆六中全會首次提出「社會主義核心價值體系」的科學命題，

突出強調了社會主義核心價值體系對建設和諧文化的重大意義。2007年，黨的十七大明確提出建設社會主義核心價值體系，指出社會主義核心價值體系是社會主義意識形態的本質體現，明確了社會主義核心價值體系與社會主義意識形態的本質聯繫。2011年，黨的十七屆六中全會專門研究「深化文化體制改革、推動社會主義文化大發展大繁榮」的重大議題，全面論述了建設社會主義核心價值體系的戰略地位、基本內容和重大舉措，強調社會主義文化大發展大繁榮的根本任務是建設社會主義核心價值體系。2012年，黨的十八大進一步提出加強社會主義核心價值體系建設、培育和踐行社會主義核心價值觀，強調社會主義核心價值體系是興國之魂，決定著中國特色社會主義發展方向，將社會主義核心價值體系提升到了事關中國特色社會主義前途命運的高度。

　　黨的十八大以來，習近平總書記在社會主義核心價值體系建設方面，提出了一系列的新理念新思想新戰略：關於文化自信，關於堅持馬克思主義，關於牢固樹立共產主義遠大理想和中國特色社會主義共同理想，關於培育和踐行社會主義核心價值觀，關於增強意識形態領域主導權和話語權，關於推動中華優秀傳統文化創造性轉化、創新性發展，關於不忘本來、吸收外來、面向未來，關於中國精神、中國價值、中國力量，等等。這些新理念、新思想和新戰略進一步充實了社會主義核心價值體系的豐富內涵，是黨的十八大以來以習近平總書記為核心的黨中央對社會主義核心價值體系建設的重大理論創新，十九大提出「堅持社會主義核心價值體系」的文化方略，是對這些新理念、新思想和新戰略的集中概括和理論昇華。

（二）統籌推進「五位一體」總體佈局的內在要求

　　堅持社會主義核心價值體系，體現了習近平新時代中國特色社會主義思想對文化建設的根本要求。新時代中國特色社會主義基本方略是由多維邏輯構成的總體框架，「五位一體」總體佈局是這個總體框架中的一條邏輯線索。「五位一體」總體佈局包括中國特色社會主義的經濟建設、政治建設、文化建設、社會建設和生態文明建設五個方面，每個方面在基本方略的「十四個堅持」中都有具體體現，文化建設的基本方略集中體現為第七條「堅持社會主義核心價值體系」。把握這條文化方略，必須深刻認識文化建設在中國特色社會主義建設總體佈局中的戰略地位。

　　「文化是一個國家、一個民族的靈魂。文化興國運興，文化強民族強。」[1]當今世界，文化交流、文明交融和思想交鋒愈加頻繁，在綜合國力競爭中文化的戰略地位愈加突出，增強國家文化軟實力的要求愈加迫切。當代中國進入了全面建成小康社會決勝階段、中國特色社會主義進入新時代的關鍵時期，我國社會主要矛盾已經轉化為人民日益增長的美好生活需要和不平衡不充分的發展之間的矛盾，文化越來越成為民族凝聚力和創造力的重要源泉、越來越成為綜合國力競爭的重要因素、越來越成為經濟社會發展的重要支撐，豐富精神文化生活越來越成為人民熱切嚮往的美好生活。我們必須牢牢把握和充分利用我國發展的重要戰略機遇期，在堅持以經濟建設為中心的同時，自

---

1 習近平：〈決勝全面建成小康社會　奪取新時代中國特色社會主義偉大勝利〉，《人民日報》2017 年 10 月 28 日第 4 版。

覺把文化繁榮興盛作為堅持發展是黨執政興國第一要務的重要內容，進一步統籌推進文化建設與經濟建設、政治建設、社會建設、生態文明建設協調發展，為中國特色社會主義偉大事業提供強有力的思想保證、強大的精神動力、有力的輿論支持、良好的文化滋養。

（三）新時代中國特色社會主義文化建設的根本遵循

社會主義核心價值體系是社會主義先進文化的精髓，體現了社會主義意識形態的本質，決定著中國特色社會主義發展方向，社會主義核心價值體系建設是中國特色社會主義文化建設的根本任務。

黨的十八大以來以社會主義核心價值體系統領的社會主義先進文化建設，取得了歷史性成就。加強黨對意識形態工作的領導，黨的理論創新全面推進，馬克思主義在意識形態領域的指導地位更加鮮明，中國特色社會主義和中國夢深入人心，社會主義核心價值觀和中華優秀傳統文化廣泛弘揚，群眾性精神文明創建活動扎實開展。公共文化服務水準不斷提高，文藝創作持續繁榮，文化事業和文化產業蓬勃發展，互聯網建設管理運用不斷完善，全民健身和競技體育全面發展。主旋律更加響亮，正能量更加強勁，文化自信得到彰顯，國家文化軟實力和中華文化影響力大幅提升，全黨全社會思想上的團結統一更加鞏固。

正是基於這些重大歷史成就，習近平總書記在十九大報告中明確提出了以「堅持社會主義核心價值體系」為根本內容的文化方略，強調要堅持中國特色社會主義文化發展道路，激發全民族文化創新創造活力，建設社會主義文化強國；以馬克思主義為指導，堅守中華文化

立場，立足當代中國現實，結合當今時代條件，發展面向現代化、面向世界、面向未來的，民族的科學的大眾的社會主義文化，推動社會主義精神文明和物質文明協調發展；要堅持為人民服務、為社會主義服務，堅持百花齊放、百家爭鳴，堅持創造性轉化、創新性發展，不斷鑄就中華文化新輝煌；要牢牢掌握意識形態工作領導權，培育和踐行社會主義核心價值觀，加強思想道德建設，繁榮發展社會主義文藝，推動文化事業和文化產業發展。這些基本要求和重大部署，貫徹了堅持社會主義核心價值體系這條根本原則，是新時代中國特色社會主義文化建設的基本遵循。

二、文化自信是實現中華民族偉大復興的強大精神力量

文化自信是習近平總書記關於社會主義文化建設的重要理論創新觀點，是中國特色社會主義四個自信的重要組成部分，是新時代中國特色社會主義文化方略的重要內容。

（一）文化是更基本、更深沉、更持久的力量

黨的十八大以來，習近平總書記在各種場合反復強調「文化自信」問題，形成了關於中國特色社會主義文化自信的重要理論。

2014年2月24日，中共中央政治局就培育和弘揚社會主義核心價值觀、弘揚中華傳統美德進行第十三次集體學習，習近平在主持學習時指出：要講清楚中華優秀傳統文化的歷史淵源、發展脈絡、基本

走向，講清楚中華文化的獨特創造、價值理念、鮮明特色，增強文化自信和價值觀自信。[1] 這是習近平總書記系列講話中首次明確強調文化自信。把文化自信與價值觀自信並提，與傳承中華優秀傳統文化並提，是習近平總書記論述文化自信的鮮明標記。

2014 年 3 月 7 日，在全國「兩會」期間參加貴州團審議政府工作報告時，習近平提出：「我們要堅持道路自信、理論自信、制度自信，最根本的還有一個文化自信。」[2] 在這裡，習近平總書記把文化自信與「三個自信」並舉，與中國五千年歷史及近代百年沉淪史相聯繫，使四個自信成為一個內在聯繫的統一整體。

2016 年 5 月 17 日，在哲學社會科學工作座談會上，習近平強調：「我們說要堅定中國特色社會主義道路自信、理論自信、制度自信，說到底是要堅定文化自信。文化自信是更基本、更深沉、更持久的力量。」[3] 這次講話深刻論述了文化自信與「三個自信」的關係，突出了文化自信的極端重要性。

2016 年 7 月 1 日，在慶祝中國共產黨成立 95 周年大會上的講話中，習近平指出：「堅持不忘初心、繼續前進，就要堅持中國特色社會主義道路自信、理論自信、制度自信、文化自信，堅持黨的基本路

1 〈把培育和弘揚社會主義核心價值觀作為凝魂聚氣強基固本的基礎工程〉，《人民日報》2014 年 2 月 26 日第 1 版。

2 李斌，霍小光：〈「改革的集結號已經吹響」——習近平總書記同人大代表、政協委員共商國是紀實〉，《人民日報》2014 年 3 月 13 日第 1 版。

3 習近平：〈在哲學社會科學工作座談會上的講話〉，《人民日報》2016 年 5 月 19 日第 2 版。

線不動搖，不斷把中國特色社會主義偉大事業推向前進。」[1] 正式提出並深刻論述了中國特色社會主義的「四個自信」，強調了文化自信在新時代中國特色社會主義總體戰略中的重要地位。

黨的十九大報告把習近平總書記關於文化自信的重要論述進行了系統總結和理論提升，納入習近平新時代中國特色社會主義思想和黨章之中。隨後不久，又寫進憲法之中，成為黨和國家事業發展的重要內容。

（二）文化自信是實現偉大夢想的精神支撐

習近平總書記對這種文化自信的精神感召力有過非常形象、非常深刻的表達，他說：「站立在 960 萬平方公里的廣袤土地上，吸吮著中華民族漫長奮鬥積累的文化養分，擁有 13 億中國人民聚合的磅 之力，我們走自己的路，具有無比廣闊的舞臺，具有無比深厚的歷史底蘊，具有無比強大的前進定力。中國人民應該有這個信心，每一個中國人都應該有這個信心。」[2] 這種中華民族獨有的文化所激發的精神力量正體現了文化自信的重大意義。

中國特色社會主義文化自信具有深刻而豐富的內涵。文化自信表現為對自身文化的強烈認同感和自豪感，它是對自身文化核心價值的

---

1 習近平：〈在慶祝中國共產黨成立 95 周年大會上的講話〉，《人民日報》2016 年 7 月 2 日第 2 版。

2 習近平：〈在紀念毛澤東同志誕辰 120 周年座談會上的講話〉，《人民日報》2013 年 12 月 27 日第 2 版。

充分肯定，是對自身文化生命力的堅定信念。中華民族的文化自信不僅具有共同的情感基礎，而且富有深刻的思想內涵。文化自信在新時代的核心要義就是對中國特色社會主義文化的價值認同和堅定信念。在當今世界，唯有中華民族在五千年歷史積澱中創造了持續不斷的、歷久彌新的、博大精深的民族文化，這個民族文化發展到今天，就是新時代中國特色社會主義文化。誠如習近平總書記所說：「在 5000 多年文明發展中孕育的中華優秀傳統文化，在黨和人民偉大鬥爭中孕育的革命文化和社會主義先進文化，積澱著中華民族最深層的精神追求，代表著中華民族獨特的精神標識。」[1] 可以說，民族性和時代性的辯證統一，是當代中國人文化自信的內在的、本質的特徵。

　　中國特色社會主義文化自信在新時代中國特色社會主義發展實踐中具有十分重要的意義。中華民族 5000 年歷史未曾中斷，5000 年文化也未曾中斷，中華民族最有理由對自己輝煌的歷史文化感到由衷的驕傲和自豪。然而，在鴉片戰爭後近代中國的百年沉淪中，中華民族的文化自信曾經遭受重創。從一定意義上說，我們的文化自信是重新鑄就的文化自信，是在近代以來從救亡、發展到復興的時代課題轉換的歷史進程中重新鑄就的文化自信，是在中國共產黨領導的革命、建設、改革的偉大實踐中重新鑄就的文化自信。如果說實現中華民族偉大復興是中華民族近代以來最偉大的夢想，如果說中國共產黨一經成立就肩負起實現中華民族偉大復興的歷史使命；那麼，文化自信就是中國共產黨在新時代完成歷史使命、實現偉大夢想的強大的精神力量。

---

1 習近平：〈在慶祝中國共產黨成立 95 周年大會上的講話〉，《人民日報》2016 年 7 月 2 日第 2 版。

新時代是實現中華民族偉大復興的新時代，中華民族偉大復興內在包含著中華文化的復興，後者是前者的題中應有之義。文化自信在新時代全面建成社會主義現代化強國的新征程中必然發揮強大的精神感召力。從根本上說，中國特色社會主義文化自信體現了中國精神、中國價值、中國力量，文化自信是完成新時代的歷史使命的精神支撐，是在新時代實現中華民族偉大復興中國夢的強大精神力量。

（三）在推進新時代偉大事業中堅定文化自信

堅定文化自信，就是堅信中國特色社會主義文化的先進性，全面貫徹社會主義核心價值觀，繁榮發展中國特色社會主義文化，不斷提升我國的文化軟實力，為中國特色社會主義偉大事業提供深厚的文化基礎，創造良好的思想輿論環境。

中國特色社會主義文化，包括了在5000多年文明發展中孕育的中華優秀傳統文化，在黨和人民偉大鬥爭中孕育的革命文化和社會主義先進文化。它們積澱著中華民族最深層的精神追求，代表著中華民族獨特的精神標識，是堅定文化自信的根本依據。

當前，我們堅定文化自信，就是要牢牢堅持馬克思主義的指導地位，繼承和發展中國優秀傳統文化，全面加強社會主義意識形態建設，大力培育和弘揚社會主義核心價值觀，弘揚以愛國主義為核心的民族精神和以改革創新為核心的時代精神，不斷增強全黨全國各族人民的精神力量，在當代世界文化之林中唱響中國精神。

增強中國特色社會主義文化自信，具有歷史和現實的必要性，但是這種必要性並不會自動轉化成現實性的存在。要使必要的、應然的

文化自信轉化為現實的、實然的文化自信，需要進行多方面的努力。其中，堅定文化指導思想、文化判斷標準、文化發展方法、文化創新成果上的自信，至關重要。

首先，必須堅持文化指導思想上的自信，毫不動搖地堅持馬克思主義指導地位，反對和批判各種非、反馬克思主義思想，這是堅持中國特色社會主義文化自信的第一要義。

其次，必須堅持文化標準上的自信，這就是要打破文化標準的照搬和依賴，建立自主性的文化標準，並堅信自身標準解釋力和合理性。

再次，必須堅持發展方法上的自信，就是要貫徹融通創新的文化發展方法，實現多種文化資源的差異融合、創新發展，實現新時代中國文化的繁榮發展。

最後，必須堅持文化成果上的自信，就是要堅信中國人自己創造的具有中國特色、中國風格、中國氣派的原創性的思想文化成果，用這些重大理論創新成果指導當代中國的發展實踐。

三、擔負起新的文化使命，鑄就中華文化新輝煌

在黨的十九大報告中，習近平總書記明確提出，要堅持中國特色社會主義文化發展道路，激發全民族文化創新創造活力，建設社會主義文化強國。我們一定要擔負起新的文化使命，在實踐創造中進行文化創造，在歷史進步中實現文化進步，不斷鑄就中華文化新輝煌。

（一）堅持和發展馬克思主義，牢固樹立共產主義遠大理想和中國特色社會主義共同理想

　　馬克思主義指導思想是社會主義核心價值體系的靈魂，是我們立黨立國的根本指導思想，為黨和人民事業發展提供了科學理論指導和堅強思想基礎，在任何時候、任何情況下都不能有絲毫動搖。中國特色社會主義文化最根本的特徵就是堅持馬克思主義的指導，這是它區別於一切其他文化的本質內涵。在堅持和發展中國特色社會主義的偉大實踐中，中國共產黨人始終堅持馬克思主義的立場觀點方法，堅定維護人民群眾的根本利益，以實現人的自由而全面的發展為根本追求，不僅發展社會主義物質文明，而且發展社會主義精神文明，構建了以馬克思主義及其中國化理論成果為核心的社會主義意識形態，這是中國特色社會主義文化的核心內容，明確了當代中國文化發展的根本性質和方向。

　　中國特色社會主義是科學社會主義理論邏輯和中國社會發展歷史邏輯的辯證統一，是適應中國和時代發展進步要求的科學社會主義。只有社會主義才能救中國，只有中國特色社會主義才能發展中國。習近平新時代中國特色社會主義思想是 21 世紀中國的馬克思主義，它的核心要義是堅持和發展中國特色社會主義，在當代中國，堅持習近平新時代中國特色社會主義思想，就是堅持當代中國的馬克思主義，就是堅持 21 世紀中國的馬克思主義。

　　共產主義和社會主義的理想信念是社會主義核心價值體系的主題，是中國共產黨人和全國各族人民必須牢牢堅持的理想信念。理想信念是共產黨人精神上的「鈣」，沒有理想信念或理想信念不堅定，

就會「缺鈣」，就會得「軟骨病」。共產黨人的政治靈魂就是對馬克思主義的信仰，對社會主義和共產主義的信念。正如習近平總書記所說：「堅持不忘初心、繼續前進，就要牢記我們黨從成立起就把為共產主義、社會主義而奮鬥確定為自己的綱領，堅定共產主義遠大理想和中國特色社會主義共同理想，不斷把為崇高理想奮鬥的偉大實踐推向前進。」[1] 共產黨人必須把共產主義遠大理想和中國特色社會主義共同理想結合起來，而不是把兩者割裂開來，更不能把兩者對立起來，中國特色社會主義是我們黨帶領人民歷經千辛萬苦找到的實現中國夢的正確道路，我們必須牢牢堅持。

（二）培育和踐行社會主義核心價值觀，不斷提高意識形態領域的主導權和話語權

社會主義核心價值觀是社會主義核心價值體系的內核，體現社會主義核心價值體系的根本性質和基本特徵。培育和踐行社會主義核心價值觀，必須緊緊圍繞堅持和發展中國特色社會主義這一主題，不斷鞏固和增強馬克思主義在意識形態領域的主導權和話語權。

社會主義核心價值觀是中國特色社會主義文化的核心和精髓，是社會主義核心價值體系的高度凝練和集中表達，它實際上回答了「我們要建設什麼樣的國家，建設什麼樣的社會，培育什麼樣的公民的重

---

1 習近平：〈在慶祝中國共產黨成立 95 周年大會上的講話〉，《人民日報》2016 年 7 月 2 日第 2 版。

大問題。」[1]以「富強、民主、文明、和諧，自由、平等、公正、法治，愛國、敬業、誠信、友善」為基本內容的社會主義核心價值觀，傳承著中國優秀傳統文化的基因，寄託著中國人民的理想信念和共同願望，承載著中華優秀兒女的價值共識和美好願景，體現著社會主義意識形態的本質要求，蘊含著社會主義制度在思想和精神層面的內在規定性，是中國特色社會主義道路、理論和制度的價值表達，對中國人民產生了強大的凝聚力和感召力，同時也向全世界彰顯了中國價值的獨特魅力。

社會主義核心價值觀反映社會主義核心價值體系的實踐要求，培育和踐行社會主義核心價值觀是實現中華民族偉大復興中國夢的戰略任務。我們要按照十九大報告的要求，以培養擔當民族復興大任的時代新人為著眼點，強化教育引導、實踐養成、制度保障，發揮社會主義核心價值觀對國民教育、精神文明創建、精神文化產品創作生產傳播的引領作用，把社會主義核心價值觀融入社會發展各方面，轉化為人們的情感認同和行為習慣。

（三）建設社會主義文化強國，為人民提供強大的文化力量和精神支撐

建設社會主義文化強國是新時代我國文化建設的戰略目標，我們要貫徹落實黨的十九大精神，以習近平新時代中國特色社會主義思想為指導，積極推動中華優秀傳統文化創造性轉化、創新性發展，繼

1《習近平談治國理政》，外文出版社2014版，第168-169頁。

承革命文化，發展社會主義先進文化，不忘本來、吸收外來、面向未來，更好構築中國精神、中國價值、中國力量，為人民提供精神指引。

積極推動中華優秀傳統文化創造性轉化、創新性發展。中國特色社會主義文化深植於中國優秀傳統文化之中。中國優秀傳統文化中包含著豐富的精神文化滋養：「利於國者愛之，害於國者惡之」，「投死為國，以義滅身」，「報國之心，死而後已」等，無不體現出深厚的愛國主義精神；「天行健君子以自強不息」「地勢坤君子以厚德載物」「苟日新日日新又日新」等，無不體現著生生不息的創造精神；「民為邦本，本固邦寧」「民為貴，君為輕，社稷次之」「先天下之憂而憂、後天下之樂而樂」等，無不體現著源遠流長的民本精神；「大學之道，在明明德，在親民，在止於至善」「大道之行也天下為公」，無不體現著追求遠大理想和世界大同的精神；「格致誠正修齊治平」「君子必慎其獨也」「誠其意者，自修之首也」等，無不體現著嚴謹自律的修養精神。中國共產黨人要自覺成為中華民族優秀傳統文化精神的忠實繼承者，自覺地以馬克思主義為指導實現中國優秀傳統文化的創造性轉化和創新性發展，使之與當代文化相適應、與現代社會相協調，成為中國特色社會主義文化的有機組成部分，在與各國文明的交流互鑒中走向世界，讓中華文明同世界各國人民創造的豐富多彩的文明一道，為人類提供正確的精神指引和強大的精神動力。

繼承革命文化，發展社會主義先進文化。在革命建設改革的偉大鬥爭中孕育的革命文化和社會主義先進文化，是中國特色社會主義文化的主體內容。在革命戰爭時期，黨和人民創造形成的紅船精神、井岡山精神、蘇區精神、長征精神、延安精神、西柏坡精神等，是革命文化的精髓；在社會主義建設時期創造形成的鐵人精神、雷鋒精神、

焦裕祿精神等，在社會主義改革開放時期形成的以改革創新為核心的
時代精神，構成了社會主義先進文化的核心內容。這些文化精神是黨
領導人民在革命、建設和改革實踐中所創造的豐富經驗的精神凝聚，
成為增強黨員幹部凝聚力的思想核心，維繫中華民族團結進步的重要
精神支柱，在推動偉大事業和偉大工程中起著凝心聚氣的靈魂作用。
在新時代中國特色社會主義的偉大實踐中，我們必須繼承和發揚這些
寶貴精神財富，推動社會主義文化大發展大繁榮，增強全民族文化創
造活力，推動文化事業全面繁榮、文化產業快速發展，不斷豐富人民
精神世界、增強人民精神力量，不斷增強文化整體實力和競爭力，朝
著建設社會主義文化強國的目標不斷前進。

　　不忘本來、吸收外來、面向未來，更好構築中國精神、中國價
值、中國力量，為人民提供精神指引。2016 年 5 月 17 日，習近平總書
記在哲學社會科學工作座談會指出：「我們要堅持不忘本來、吸收外
來、面向未來，既向內看、深入研究關係國計民生的重大課題，又向
外看、積極探索關係人類前途命運的重大問題；既向前看、準確判斷
中國特色社會主義發展趨勢，又向後看、善於繼承和弘揚中華優秀傳
統文化精華。」[1] 不忘本來、吸收外來、面向未來，不僅是構建中國特
色哲學社會科學必須堅持的根本原則，也是提高國家文化軟實力、建
設社會主義文化強國必須堅持的戰略思想。這就是要正確處理中國特
色社會主義文化發展的三個重大關係，即傳統與現代的關係、中國文
化與外國文化的關係、現在與未來的關係。

---

1 習近平：〈在哲學社會科學工作座談會上的講話〉，《人民日報》2016 年 5 月 19
　日第 2 版。

　　不忘本來的實質就是歷史文化的傳承。這裡的歷史文化包括三個維度，一是中華民族 5000 多年的歷史，二是社會主義 500 多年的歷史，三是中華人民共和國近 70 年的歷史。中華優秀傳統文化包含著中華民族的文化基因，馬克思主義包含著中國共產黨的理論基因，革命文化包含著新中國的紅色基因，這三者是當代中國文化安身立命的根基，任何時候都不能丟掉。因此，不忘本來就是對中華優秀傳統文化的傳承，對馬克思主義的理論傳承，對革命文化紅色精神的傳承。

　　吸收外來的實質就是文化上的開放包容。中華文化歷來具有海納百川的胸襟和兼收並蓄的傳統。中華文化自身就是一個多民族融合的多元一體的文化，開放包容在漫長的中華文化發展史上始終是主流，中華文明在與域外文明的交流互鑒中不斷獲得新的滋養，釋放新的活力。對待西方文化，我們必須採取批判借鑒、辯證取捨的態度，封閉僵化或全盤西化都是不可取的。對於外來文化，我們要在引進、消化、吸收的基礎上進行再創造；更重要的是打造具有主體性、體現原創性的當代中國文化。正如習近平總書記所說：「當代中國的偉大社會變革，不是簡單延續我國歷史文化的母版，不是簡單套用馬克思主義經典作家設想的範本，不是其他國家社會主義實踐的再版，也不是國外現代化發展的翻版，不可能找到現成的教科書。」[1]

　　面向未來的實質就是對中華文化復興前景的堅定信念。面向未來就是面向建設社會主義文化強國的光明前景，面向全面建成社會主義現代化強國的光明前景，面向中華民族偉大復興的光明前景，說到

---

1 習近平：〈在哲學社會科學工作座談會上的講話〉，《人民日報》2016 年 5 月 19 日第 2 版。

底，就是對新時代中華文化再創輝煌的光明前景的堅定信念，我們應該在進行許多具有新的歷史特點的偉大鬥爭中，以永不懈怠的精神狀態和一往無前的奮鬥姿態去迎接這個光明前景。

2015 年 10 月 13 日，習近平總書記在一份重要批示中指出：「要持續深化社會主義思想道德建設，弘揚中華傳統美德，弘揚時代新風，用社會主義核心價值觀凝魂聚力，更好構築中國精神、中國價值、中國力量，為中國特色社會主義事業提供源源不斷的精神動力和道德滋養。」[1]十九大報告再次強調要「更好構築中國精神、中國價值、中國力量，為人民提供精神指引」，集中體現了習近平總書記關於中國特色社會主義文化建設的根本要求和目標指向。我們就要通過不懈的努力，更好地構築中國精神、中國價值、中國力量，在創造中華文化新輝煌的同時，為全國各族人民發展新時代中國特色社會主義、實現中華民族偉大復興的中國夢提供不竭的精神動力和強大的精神支撐。

---

1 新華社電：〈構築中國精神中國價值中國力量〉，《新華日報》2015 年 10 月 14 日第 1 版。

堅持在發展中保障和改善民生

　　堅持在發展中保障和改善民生。增進民生福祉是發展的根本目的。必須多謀民生之利、多解民生之憂，在發展中補齊民生短板、促進社會公平正義，在幼有所育、學有所教、勞有所得、病有所醫、老有所養、住有所居、弱有所扶上不斷取得新進展，深入開展脫貧攻堅，保證全體人民在共建共用發展中有更多獲得感，不斷促進人的全面發展、全體人民共同富裕。建設平安中國，加強和創新社會治理，維護社會和諧穩定，確保國家長治久安、人民安居樂業。

一、中國共產黨民生思想的文化淵源和理論基礎

　　從古至今，民生問題一直是一個被廣泛討論又常談常新的話題。不同的社會發展階段會賦予民生不同的內涵和外延，但是它始終與國家發展、社會進步有著不可分割的聯繫。中國共產黨的民生思想就是

對中國古代民本思想、孫中山的民生主義和馬克思主義的人民立場等思想的借鑒、繼承和發展。

（一）中國傳統「民本」思想提供了重要的文化淵源

在中國傳統社會，民生問題歷來是執政者和先賢們十分重視和經常討論的問題，形成了源遠流長的「民本」思想傳統，這個思想構成了中國共產黨人民生思想的文化淵源。

民本思想在夏商周時期已出現萌芽。「民可近不可下，民為邦本，本固邦寧」的古訓，明確指出了人民是國家的根本，根基牢固國家才能安寧，不能輕視、低看人民，而要親近他們。商朝時期出現了「重我民」的思想萌芽，周朝時期的統治者在國家治理中多次強調「保民」的重要性，採取了許多保民、惠民的政策。

春秋戰國時期，民本思想得到了進一步的發展。孔子提出：「仁者，愛人」，「修己以安百姓」[1]；孟子提出：「不仁而得國者，有之矣；不仁而得天下者，未之有也」，「民為貴，社稷次之，君為輕」[2]；荀子強調：「君者，舟也；庶人者，水也。水則載舟，水則覆舟。」這些論述都體現出先秦思想家們認識到了百姓在國家中的重要地位，國家興亡與百姓生活狀況密切相關，因而更加關注和重視人民的生存狀況，提出要施行仁政、愛民。

此後，民本思想一直是為政者關心的一個重要問題，並分別提出

1《四書五經——中華經典普及文庫》，中華書局 2009 年版，第 33 頁。
2《四書五經——中華經典普及文庫》，中華書局 2009 年版，第 115 頁。

了自己的主張。如漢初的「無為而治，以農為本」，盛唐李世民的「君依於國，國依於民」等等，無不體現出百姓生存狀況對社會穩定、國家興衰的重要影響。

中國傳統的民本思想，一方面體現了為政者清醒認識到了人心向背關乎著國家命運，另一方面也存在著固有的時代和階級的局限性。為政者的親民、愛民舉措，是從其自身階級性出發，為了維護統治而實施的一種政治手段，勞動群眾始終處於社會的最底層，是統治階級壓迫和剝削的對象。

（二）孫中山的民生主義提供了重要的理論借鑒

在封建社會，勞動人民遭受剝削已時日愈久，統治階級在無外力進入的時候尚能通過自身調節維護封建統治。但近代以來的帝國主義國家入侵，使得沉浸千年的矛盾大規模激化，一方面人民的生活日益低下，另一方面國家日益危亡。面對千瘡百孔、受帝國主義和封建主義壓迫和奴役的近代中國，孫中山在中國傳統民本思想的基礎上借鑒了西方各派民生思想，使得中國民生思想得到進一步豐富和發展。

孫中山十分關注和重視民生問題，他提出：「民生就是人民的生活——社會的生存、國民的生計、群眾的生命便是。」[1]「民生就是政治的中心，就是經濟的中心和種種歷史活動的中心，好像天空以內的

1《孫中山全集》第 9 卷，中華書局 1986 年版，第 355 頁。

重心一樣。」[1]「民生就是社會一切活動中的原動力。」[2] 從孫中山關於民生的這些論述可以看出，這裡的「民生」被賦予了更多的內涵，不再僅僅是指國民生計問題，更是從社會層面認為民生是推動社會存在和發展的起點，凸顯了民生在社會活動中的重要作用。

　　面臨當時社會積貧積弱的現狀，孫中山從民生角度提出了解決民生問題的方案。首先，滿足人民衣食住行的最基本需要是解決民生問題的基本前提。「我們現在要解決民生問題，並不是要解決安適問題，也不是要解決奢侈問題，只要解決需要問題。」[3]「民生的需要，從前經濟學家都說衣、食、住三種；照我的研究，應該有四種，於衣食住之外，還有一種就是行。行也是一種很重的需要；行就是走路。我們要解決民生問題，不但是要把這四種需要弄到很便宜，並且要全國的人民都能夠享受。」[4] 因此，在第一個層面上，是要滿足群眾的基本生存需要。二是平均地權，節制資本。這是孫中山民生思想的核心。孫中山認為，大量的土地被少數人佔有是人民特別是農民生活痛苦的根源，因此為了防止社會上經濟不平等的加劇，孫中山提出了「平均地權」的方法，即「改良社會經濟組織，核定天下地價。其現有之地價，仍屬原主所有；其革命後社會改良進步之增價，則歸於國家，為國民所共用。」[5] 直到「『耕者有其田』，那才算是我們對於農民問題的最

1 《孫中山全集》第 9 卷，中華書局 1986 年版，第 377 頁。
2 《孫中山全集》第 9 卷，中華書局 1986 年版，第 386 頁。
3 《孫中山全集》第 9 卷，中華書局 1986 年版，第 414 頁。
4 《孫中山全集》第 9 卷，中華書局 1986 年版，第 411 頁。
5 《孫中山全集》第 1 卷，中華書局 1981 年版，第 297 頁。

終結果」[1]。「節制資本」則是指「凡本國人及外國人之企業，或有獨佔的性質，或規模過大為私人之力所不能辦者，如銀行、鐵道、航路之屬，由國家經營管理之，使私有資本制度不能操縱國民之生計」[2]。三是振興實業，發展教育。這是解決民生問題的重要手段。孫中山認為：「要解決民生問題，一定要發達資本，振興實業。」[3] 只有辦好實業，提高經濟效益，才能更好地服務於民生，實現國民共用。為此，孫中山結合當時國民素質較低的實際情況，認為「中國人數四萬萬人，此四萬萬人皆應受教育」[4]，提出要通過普及教育來培養國家發展所需要的人才，從而從根本上解決民生問題。

　　孫中山根據近代中國實際，對「民生」的內涵進行了豐富和發展，提出了以平均地權、土地國有、節制資本、振興實業等為主要內容的民生思想。雖然這些民生思想在當時的社會環境下難以實施，但是孫中山對民生問題的關注和重視，以及為此所提出的許多設想，為中國共產黨解決民生問題提供了有益的理論參考和實踐借鑒。

（三）馬克思主義的人民立場是根本的理論基礎

　　馬克思、恩格斯堅定地站在人民立場上，在對資本主義社會本質進行深刻揭露的基礎上，對人民的幸福追求和人的自由全面發展等方

1《孫中山全集》第 9 卷，中華書局 1986 年版，第 399 頁。
2《孫中山全集》第 9 卷，中華書局 1986 年版，第 120 頁。
3《孫中山全集》第 9 卷，中華書局 1986 年版，第 391 頁。
4《孫中山全集》第 2 卷，中華書局 1982 年版，第 358 頁。

面進行了深刻探討，為中國共產黨民生思想的形成與發展提供了豐富的理論資源。

馬克思在青年時期就特別關注人民的幸福生活。他在中學畢業論文《青年在選擇職業時的考慮》中就充分體現了其為人民謀幸福的民生情懷。他提出：「在選擇職業時，我們應該遵循的主要指標是人類的幸福和我們自身的完美。」[1] 馬克思在《萊茵報》當主編時，也十分關注底層人民的生活狀況，遇到一系列的社會民生問題，其中最突出的就是所謂林木盜竊問題和摩賽爾地區農民極度貧困的生活狀況。馬克思積極參加林木盜竊問題的辯論，對摩賽爾地區農民貧困狀況積極調查，捍衛貧苦群眾的物質利益。在這個過程中，他發現了物質利益對國家和法律的支配作用，從而促使他開始探求國家生活客觀基礎的問題。

除了對人民幸福生活的關注外，馬克思恩格斯特別重視對現實的歷史的人的考察及其自由而全面發展的實現。他們認為從事實踐活動的人才是其考察歷史的出發點。「人們為了能夠『創造歷史』，必須能夠生活。但是為了生活，首先就需要吃喝住穿以及其他一些東西。」[2]「即人們首先必須吃、喝、住、穿，就是說首先必須勞動，然後才能爭取統治，從事政治、宗教和哲學等等。」[3] 這是一切社會活動的前提。「當人們還不能使自己的吃喝住穿在質和量方面得到充分保證的時候，

1《馬克思恩格斯全集》第 1 卷，人民出版社 1995 年版，第 459 頁。

2《馬克思恩格斯選集》第 1 卷，人民出版社 1995 年版，第 78-79 頁。

3《馬克思恩格斯選集》第 3 卷，人民出版社 1995 年版，第 335-336 頁。

人們就根本不能獲得解放」[1]。因此，人的基本生活需要的滿足是基礎，實現人的全面發展則是解決民生問題的根本方法，也是共產主義的終極目標。「代替那存在著階級和階級對立的資產階級舊社會的，將是這樣一個聯合體，在那裡，每個人的自由發展是一切人的自由發展的條件。」[2]「由社會全體成員組成的共同聯合體來共同地和有計劃地利用生產力；把生產發展到能夠滿足所有人的需要的規模；結束犧牲一些人的利益來滿足另一些人的需要的狀況；徹底消滅階級和階級對立；通過消除舊的分工，通過產業教育、變換工種、所有人共同享受大家創造出來的福利，通過城鄉的融合，使社會全體成員的才能得到全面發展。」[3]

中國共產黨在繼承中國傳統社會的「重民」「愛民」「利民」思想的基礎上，借鑒了孫中山民生主義中關心人民困苦，通過振興實業、發展教育來解決民生問題的思想，以馬克思主義民生思想為內核，結合中國實際，形成了具有中國特色的民生思想。

二、為人民謀幸福是中國共產黨人永遠牢記的初心

中國共產黨自誕生之日起，就把為民族謀復興、為人民謀幸福作為自己的初心使命，把人民利益擺在首位，把解決人民生活問題當作

1《馬克思恩格斯選集》第 1 卷，人民出版社 1995 年版，第 74 頁。

2《馬克思恩格斯選集》第 1 卷，人民出版社 1995 年版，第 294 頁。

3《馬克思恩格斯選集》第 1 卷，人民出版社 1995 年版，第 243 頁。

一切工作的出發點和落腳點，在革命建設改革的歷史進程中，始終秉持「以人民為本」的理念。

（一）全心全意地為人民服務，一刻也不脫離群眾

中國共產黨自成立之時就向世人宣示，中國共產黨是代表中國最廣大人民的利益的。毛澤東指出：「我們共產黨人區別於其他政黨的又一個顯著的標誌，就是和最廣大的人民取得最密切的聯繫。全心全意地為人民服務，一刻也不脫離群眾；一切從人民的利益出發，而不是從個人或小集團的利益出發；向人民負責和向黨的領導機關負責的一致性；這些就是我們的出發點。」[1]

在革命戰爭年代，中國共產黨領導人在領導人民進行革命的同時，反復強調要關注人民生活，注重人民物質利益的滿足。毛澤東在 1934 年 1 月就鄭重提出：「我們應該深刻地注意群眾生活的問題，從土地、勞動問題，到柴米油鹽問題……一切這些群眾生活上的問題，都應該把它提到自己的議事日程上。應該討論，應該決定，應該實行，應該檢查。要使廣大群眾認識我們是代表他們的利益的，是和他們呼吸相通的。」[2]1942 年，毛澤東再次強調，「我們應該不惜風霜勞苦，夜以繼日，勤勤懇懇，切切實實地去研究人民中間的生活問題，生產問題……並幫助人民具體地而不是講空話地去解決這些問題」[3]。

1《毛澤東選集》第 3 卷，人民出版社 1991 年版，第 1094-1095 頁。

2《毛澤東選集》第 1 卷，人民出版社 1991 年版，第 138 頁。

3《毛澤東文集》第 2 卷，人民出版社 1993 年版，第 467 頁。

新中國成立後，毛澤東也一直強調要解決民生問題，把保障和改善民生放在了重要的地位。「我們歷來提倡艱苦奮鬥，反對把個人物質利益看得高於一切，同時我們也歷來提倡關心群眾生活，反對不關心群眾痛癢的官僚主義。」[1]

正是中國共產黨這種全心全意為人民服務的根本宗旨，重民、恤民、為民的情懷和相應的民生政策，得到了人民的廣泛認可和擁護，使得越來越多的民眾被團結到了中國共產黨的周圍，為贏得國家獨立和人民解放、國家富強和人民幸福的社會主義革命和社會主義建設而共同努力。

（二）做工作必須考慮群眾擁護不擁護、贊成不贊成、高興不高興、答應不答應

鄧小平是中國改革開放和社會主義現代化建設的總設計師。他和毛澤東一樣，十分重視民生問題，認為「人民擁護不擁護、人民贊成不贊成、人民高興不高興、人民答應不答應，是全黨想事情、做工作對不對、好不好的基本尺度。」

在社會主義建設時期，他在談到經濟建設中存在的問題時，提出有許多不顧群眾實際的形象工程，「考慮問題常常忽略了群眾的需要……容易解決的問題不去解決，寧肯把更多的錢用在不適當的地方。對於花很少的錢就可以解決群眾需要的問題，甚至有些不花錢也能解決的問題，卻注意得不夠。我們的建設工作應該面對群眾，發現問題，

1《毛澤東文集》第 7 卷，人民出版社 1999 年版，第 28 頁。

解決問題，修建學校如此，修建文化娛樂場所如此。」[1] 他強調「一定要關心群眾生活。這個問題不是說一句話就可以解決的，要做許多踏踏實實的工作。比如鋼鐵工人勞動那樣重，而蔬菜少、肉類缺，基本條件都保證不了，這樣的問題就必須具體去研究解決」[2]。

他在改革開放的實踐中講道：「社會主義的首要任務是發展生產力，逐步提高人民的物質和文化生活水準。」[3]「社會主義的目的就是要全國人民共同富裕」[4]。因而鄧小平提出發展社會主義的一條重要標準，即「是否有利於人民生活水準的提高」。這也是評判現實民生的最直接、最有效的標準。在此基礎上，鄧小平進一步確立了「三步走」的發展戰略，在發展中保障和改善民生，最終實現共同富裕。

（三）中國共產黨要始終代表最廣大人民的根本利益

隨著改革開放和社會主義市場經濟的發展，我國社會生活發生了深刻的變化，中國共產黨內部也出現了部分黨員幹部違法亂紀的行為，嚴重危害了黨的聲譽，傷害了黨群、幹群關係。以江澤民同志為核心的黨的第三代中央領導集體清醒地認識到，全心全意為人民服務仍然是中國共產黨的根本宗旨，即使現在的歷史條件、社會環境發生了改變，中國共產黨肩負的任務也變了，但是黨的根本宗旨是絕對不

1《鄧小平文選》第1卷，人民出版社1994年版，第268頁。
2《鄧小平文選》第2卷，人民出版社1994年版，第228頁。
3《鄧小平文選》第3卷，人民出版社1993年版，第116頁。
4《鄧小平文選》第2卷，人民出版社1994年版，第152頁。

能改變的。為此，江澤民同志明確提出：中國共產黨必須始終做到「三個代表」。

中國共產黨「是代表最廣大人民的根本利益的，所以全黨同志的一切工作都是全心全意為人民服務的，都是為了實現好、維護好、發展好人民的利益，任何脫離群眾、任何違反群眾意願和危害群眾利益的行為都是不允許的」[1]。為此，我們一定要始終把「不斷改善人民生活」作為執政的重要努力方向，「要儘快地使全國人民都過上殷實的小康生活」[2]。

（四）把實現好、維護好、發展好最廣大人民根本利益作為一切工作的出發點和落腳點

進入新世紀新階段，以胡錦濤同志為總書記的黨中央站在新的歷史起點上對新的問題和新的變化有了深刻的認識，重點解決國家發展中遇到的各種問題，逐步形成了科學發展的思想。

胡錦濤同志把以民生為重點的社會建設擺到了更加突出的位置，提出要樹立「發展為了人民、發展依靠人民、發展成果由人民共用」的執政理念，「使各項決策既體現人民群眾的現實利益又代表人民群眾的長遠利益，既反映大多數群眾的普遍願望又照顧部分群眾的特殊要求；要把解決民生問題放在各項工作的首位，下大氣力解決好群眾反映強烈的突出問題，下大氣力做好關心困難群眾生產生活的工作，

1《江澤民文選》第 3 卷，人民出版社 2006 年版，第 3 頁。
2《江澤民文選》第 3 卷，人民出版社 2006 年版，第 294 頁。

多辦順應民意、化解民憂、為民謀利的實事，努力讓人民群眾得到實實在在的利益，共用改革發展的成果」[1]。

在此基礎上，黨的十七大進一步強調「要加快推進以改善民生為重點的社會建設」，「著力促進社會發展和解決民生問題」。要「努力解決人民最關心、最直接、最現實的利益問題，使發展成果更多體現到改善民生上，促進社會和諧，維護社會穩定。」黨的十八大再次強調：「為人民服務是黨的根本宗旨，以人為本、執政為民是檢驗黨一切執政活動的最高標準。任何時候都要把人民利益放在第一位。」

（五）讓群眾在共建共用的發展中有更多的獲得感

黨的十八大以來，以習近平同志為核心的黨中央把增進人民福祉、促進人的全面發展作為一切工作的出發點和落腳點，以「人民是否真正得到了實惠，人民生活是否真正得到了改善」作為檢驗中國共產黨一切工作成效的標準，從人民群眾最關心最直接最現實的利益問題入手，統籌做好各領域的民生工作，不斷提高人民物質文化生活水準。

「為什麼人的問題，是檢驗一個政黨、一個政權性質的試金石」。老百姓對美好生活的追求，就是中國共產黨的努力方向。在中國特色社會主義新時代，習近平積極落實以人為本的執政理念，從最廣大人民根本利益出發，多謀民生之利，多解民生之憂，讓改革發展成果更

1《十六大以來重要文獻選編》下，中央文獻出版社 2011 年版，第 873-874 頁。

多更公平地惠及廣大人民群眾，讓群眾在共建共用的發展中有更多的獲得感，不斷朝著共同富裕邁進。

保障和改善民生是一項長期的工作，沒有終點站，只有連續不斷的新起點。民生實事需要一件事情接著一件事情的辦，一年接著一年幹。中國共產黨要在學有所教、勞有所得、病有所依、老有所養、住有所居上持續取得新進展，滿足人民群眾對更高的教育、更穩定的工作、更滿意的收入、更可靠的社會保障、更高水準的醫療衛生服務、更舒適的居住條件、更優美的環境和更豐富的精神文化生活的期盼。

三、勇於面對矛盾挑戰，推動民生建設實現新發展

帶領人民創造美好生活，是中國共產黨始終不渝的奮鬥目標。中國特色社會主義進入新時代，我國民生建設也迎來了發展的新機遇。但是，我們必須正視現存的問題和挑戰，以習近平新時代中國特色社會主義思想為指導，推動新時代民生建設工作不斷實現新發展。

（一）民生領域還存在著不少短板與問題

這些年來，經過黨和國家一大批惠民舉措的推出和落地，人民生活得到不斷改善，人民獲得感顯著增強。但是，我們也要清醒地看到，民生領域還存在不少短板，面臨著許多困難和挑戰。

在收入分配方面，隨著經濟發展的「蛋糕」不斷做大，「蛋糕」分配不均的問題越來越突出，收入差距和城鄉區域公共服務水準差距

還比較大，勞動報酬在初次分配中的比重偏低、居民收入在國民收入分配中的比重較低。在共用社會發展成果上，實踐進程和制度設計都還有許多不完善的地方。我國中等收入群體和高等收入群體仍占總人口的少部分，大量都是低收入群體。我國城鎮低保人口有一千多萬，六十五歲以上的老年人有一億多人，城鎮務工農民工二億多人，特大城市就業的常住人口上千萬，城鎮登記失業人員九百多萬，完全或部分喪失勞動能力的人口二千多萬，這都對我國的社會保障體系提出了更高的要求。

在教育和就業方面，各種教育資源歷史積累不足，地區之間教育發展不平衡，教育總體條件不理想，基層教師缺乏且總體收入不高，教育管理水準也有待進一步提高。此外，國家發展需要的高級技能勞動者嚴重缺乏，而培養出來的市場又不需要，出現了教育的供給側失衡。就業形勢仍然十分嚴峻，結構性就業矛盾進一步凸顯，部分地區下崗、失業壓力可能增加，以 90 後為主就業主體對崗位的選擇性增大，有些人不願意從事苦髒累和自由度小的工作，技能型人才嚴重匱乏。此外，一些沿海地區流動人口比重大，週期性勞動力短缺和勞動力過剩交替出現。

在醫療衛生方面，資源分佈不均，基層群眾看病難、看病貴問題仍在一定程度上存在，患病是致貧返貧的重要原因；少年兒童健康問題多發，城市地區「小胖子」「近視眼」數量很多，「跑不動、跳不遠」；有的農村貧困地區仍然存在營養不良現象；有的學生心理脆弱，遇到挫折情緒消沉甚至選擇自殺；高等院校學生愛滋病疫情有所上升；老年人衛生服務需求增長快、壓力大。醫藥行業涉及利益主體多，總體發展水準不高，技術受制於人，低水準重複問題突出；醫藥監管存

在不會管、不想管、不敢管的現象，造成一些政策「空轉」甚至變形。

在社會治理和國家安全方面，我國進入社會矛盾多發期，而我們的社會管理工作在很多方面還跟不上，如有二億多農民工和其他人員在城鎮常住，但處於「半市民化」狀態、「兩栖」狀態。農村出現村莊空心化、農民老齡化現象，違法犯罪活動頻發、地方幹群關係緊張、基本社會事業發展滯後等等。安全生產事故多發，食品、藥品安全問題頻出，刑事犯罪高發，這些都是國家在社會治理過程中必須解決的問題。在國家安全方面，改革開放走過 40 年的歷程，在取得重大成就的同時也積累了一系列深層次的問題。近年來各種滲透顛覆破壞活動、暴力恐怖活動、民族分裂活動、宗教極端活動也時有發生，企圖破壞我國安定團結的社會環境，達到分裂中國、阻礙中國發展的目的。

（二）社會主要矛盾的變化對民生建設提出新的要求

中國特色社會主義進入新時代，我國社會主要矛盾已經發生了深刻變化，轉化為人民日益增長的美好生活需要和不平衡不充分的發展之間的矛盾。從人民需要方面來看，過去人們對低層次的物質文化的需要已經滿足，我國已經穩定解決了十幾億人溫飽問題，總體上實現了小康社會，不久將全面建成小康社會，人民對美好生活需要日益廣泛，不僅對物質文化生活提出了更高要求，而且在民主、法治、公平、正義、安全、環境等方面的要求日益增長，這是對更高層次、更高品質生活的需要。從生產力方面來看，中國以前長期存在的供給不足和物資匱乏的情況已經發生了根本性的變化，社會生產力水準總體

上顯著提高，社會生產能力在很多方面進入世界前列，「落後的社會生產」顯然不符合現在的實際。但是，當前發展中不平衡不充分的問題已經成為滿足人民日益增長的美好生活需要的主要制約因素。發展不平衡，主要是指各區域各方面發展的不平衡。發展不充分主要是指一些領域、一些方面還存在發展不足、不夠的問題。

新的主要矛盾在民生領域顯得十分突出。如城鄉差距仍然較大、收入分配差距較大與人民日益要求公平正義的需要之間的矛盾，社會治理能力不強與人民對生活品質的追求和社會公共服務需要之間的矛盾，等等。這些民生領域發展不平衡不充分的問題，應該下大力去認識它、解決它。

我國正處於全面建成小康社會決勝期，要突出抓重點、補短板、強弱項，特別是要堅決打好防範化解重大風險、精準脫貧、污染防治的攻堅戰，使全面建成小康社會得到人民認可、經得起歷史檢驗。全面建成小康社會突出的短板主要在民生領域，發展不全面的問題很大程度上也表現在不同社會群體民生保障方面。為此，我們必須勇於面對矛盾和挑戰，要下大力氣提高民生建設水準，確保全面建成小康社會如期完成，順利開啟社會主義現代化國家建設的新征程。

（三）不斷提高人民物質文化生活水準，促進人的全面發展和社會全面進步

黨的十九大報告明確提出，要堅持人人盡責、人人享有，堅守底線、突出重點、完善制度、引導預期，完善公共服務體系，保障群眾基本生活，不斷滿足人民日益增長的美好生活需要，不斷促進社會公

平正義，形成有效的社會治理、良好的社會秩序，使人民獲得感、幸福感、安全感更加充實、更有保障、更可持續。

一是優先發展教育事業。建設教育強國是中華民族偉大復興的基礎工程，必須把教育事業放在優先位置，辦好人民滿意的教育。要全面貫徹黨的教育方針，落實立德樹人的根本任務，發展素質教育。要推進教育公平，推動城鄉義務教育一體化發展，高度重視農村義務教育。要辦好學前教育、特殊教育和網絡教育，普及高中階段教育，健全學生資助制度，努力讓每個孩子都能享有公平而有品質的教育。完善職業教育和培訓體系，加快一流大學和一流學科建設，實現高等教育內涵式發展。加強師德師風建設，培養高素質教師隊伍。

二是提高就業品質和人民收入水準。就業是最大的民生。要堅持就業優先戰略和積極就業政策，實現更高品質和更充分就業。大規模開展職業技能培訓，鼓勵創業帶動就業。提供全方位公共就業服務，促進青年群體、農民工多渠道就業創業。破除妨礙勞動力、人才社會性流動的體制機制弊端，使人人都有通過辛勤勞動實現自身發展的機會。構建和發展和諧勞動關係，完善收入分配制度。擴大中等收入群體，增加低收入者收入，調節過高收入，取締非法收入。堅持在經濟增長的同時實現居民收入同步增長、在勞動生產率提高的同時實現勞動報酬同步提高。拓寬居民勞動收入和財產性收入渠道。履行好政府再分配調節職能，加快推進基本公共服務均等化，縮小收入分配差距。

三是加強社會保障體系建設。按照兜底線、織密網、建機制的要求，全面建成覆蓋全民、城鄉統籌、權責清晰、保障適度、可持續的多層次社會保障體系。全面實施全民參保計畫。完善城鎮職工基本養老保險和城鄉居民基本養老保險制度，儘快實現養老保險全國統籌。

完善統一的城鄉居民基本醫療保險制度和大病保險制度。完善失業、工傷保險制度。建立全國統一的社會保險公共服務平臺。統籌城鄉社會救助體系，完善最低生活保障制度。完善社會救助、社會福利、慈善事業、優撫安置等制度。

　　四是堅決打贏脫貧攻堅戰。要動員全黨全國全社會力量，堅持精準扶貧、精準脫貧，使各項政策措施落地。強化脫貧攻堅責任，堅持中央統籌省負總責市縣抓落實的工作機制，強化黨政一把手負總責的責任制。堅持大扶貧格局，注重扶貧同扶志、扶智相結合。深入實施東西部扶貧協作，重點攻克深度貧困地區脫貧任務，解決區域性整體貧困，做到脫真貧、真脫貧。

　　五是實施健康中國戰略。沒有全民健康，就沒有全面小康。人民健康是民族昌盛和國家富強的重要標誌。要深化醫藥衛生體制改革，全面建立中國特色基本醫療衛生制度、醫療保障制度和優質高效的醫療衛生服務體系，健全現代醫院管理制度。以基層為重點，推動醫療衛生工作重心下移、醫療衛生資源下沉。堅持預防為主，中西醫並重，把健康融入所有政策。支援社會辦醫，發展健康產業。

　　六是打造共建共治共用的社會治理格局。加強社會治理制度建設，提高社會治理社會化、法治化、智能化、專業化水準。加強預防和化解社會矛盾機制建設，正確處理人民內部矛盾。樹立安全發展理念，健全公共安全體系，完善安全生產責任制，堅決遏制重特大安全事故，提升防災減災救災能力。加快社會治安防控體系建設，保護人民人身權、財產權、人格權。加強社會心理服務體系建設，培育自尊自信、理性平和、積極向上的社會心態。加強社區治理體系建設，推動社會治理重心向基層下移，實現政府治理和社會調節、居民自治良性

互動。

　　七是有效維護國家安全。國家安全是安邦定國的重要基石，維護國家安全是全國各族人民根本利益所在。要完善國家安全戰略和國家安全政策，堅決維護國家政治安全，統籌推進各項安全工作。健全國家安全體系，加強國家安全法治保障，提高防範和抵禦安全風險能力。嚴密防範和堅決打擊各種滲透顛覆破壞活動、暴力恐怖活動、民族分裂活動、宗教極端活動。加強國家安全教育，增強全黨全國人民國家安全意識，推動全社會形成維護國家安全的強大合力。

堅持人與自然和諧共生

堅持人與自然和諧共生。建設生態文明是中華民族永續發展的千年大計。必須樹立和踐行綠水青山就是金山銀山的理念，堅持節約資源和保護環境的基本國策，像對待生命一樣對待生態環境，統籌山水林田湖草系統治理，實行最嚴格的生態環境保護制度，形成綠色發展方式和生活方式，堅定走生產發展、生活富裕、生態良好的文明發展道路，建設美麗中國，為人民創造良好生產生活環境，為全球生態安全做出貢獻。

一、生態文明建設的重大實踐和理論創新成果

堅持人與自然和諧共生的方略，是我們黨長期以來特別是黨的十八大以來領導社會主義生態文明建設的重大實踐和理論創新成果，為新時代社會主義生態文明建設提供了重要的理論指導和實踐遵循。

（一）生態文明要融入中國特色社會主義建設的全過程

新中國成立特別是改革開放以來，我們黨在領導經濟社會發展的過程中，一直高度重視生態環境問題，制定了一系列生態環境保護的重大戰略舉措，形成了一系列關於生態文明建設的重大理論觀點，並把生態文明建設納入中國特色社會主義的總體佈局當中加以高度強調。

黨的十八大，在此前探索成果的基礎上進一步強調生態文明建設在五位一體總體佈局中的重要地位。特別是強調指出，生態文明是關係人民福祉、關乎民族未來的長遠大計，要把生態文明建設放在突出地位，融入經濟建設、政治建設、文化建設、社會建設各方面和全過程，努力建設美麗中國，實現中華民族永續發展。

面對資源約束趨緊、環境污染嚴重、生態系統退化的嚴峻形勢，黨的十八大指出，必須樹立尊重自然、順應自然、保護自然的生態文明理念，堅持節約資源和保護環境的基本國策，堅持節約優先、保護優先、自然恢復為主的方針，著力推進綠色發展、循環發展、低碳發展，形成節約資源和保護環境的空間格局、產業結構、生產方式、生活方式，從源頭上扭轉生態環境惡化趨勢，為人民創造良好生產生活環境，為全球生態安全做出貢獻。

為了實現這個目標，黨的十八大對生態文明建設作出了重要部署，提出一系列重大舉措：優化國土空間開發格局，全面促進資源節約，加大自然生態系統和環境保護力度，加強生態文明制度建設，更加自覺地珍愛自然，更加積極地保護生態，努力走向社會主義生態文明新時代。

（二）建設美麗中國是全面深化改革的重要任務

2013 年召開的黨的十八屆三中全會，專門討論全面深化改革問題，對新的歷史條件下全面深化改革作出了總體部署。全會指出，新形勢下推進全面深化改革，必須更加注重改革的系統性、整體性、協同性，加快發展社會主義市場經濟、民主政治、先進文化、和諧社會、生態文明。

這次全會把建設美麗中國深化生態文明體制改革作為全面深化改革的重要目標和任務加以突出強調，對生態文明建設提出了明確要求：緊緊圍繞建設美麗中國深化生態文明體制改革，加快建立生態文明制度，健全國土空間開發、資源節約利用、生態環境保護的體制機制，推動形成人與自然和諧發展現代化建設新格局。

為此，全會審議通過的《中共中央關於全面深化改革若干重大問題的決定》的第十四章，專門對加快生態文明制度建設作出了重大部署。決定提出，建設生態文明，必須建立系統完整的生態文明制度體系，實行最嚴格的源頭保護制度、損害賠償制度、責任追究制度，完善環境治理和生態修復制度，用制度保護生態環境。一是要健全自然資源資產產權制度和用途管制制度，形成歸屬清晰、權責明確、監管有效的自然資源資產產權制度，建立空間規劃體系，健全能源、水、土地節約集約使用制度，健全國家自然資源資產管理體制，完善自然資源監管體制。二是要劃定生態保護紅線，堅定不移實施主體功能區制度，建立資源環境承載能力監測預警機制，對限制開發區域和生態脆弱的國家扶貧開發工作重點縣取消地區生產總值考核，建立生態環境損害責任終身追究制。三是實行資源有償使用制度和生態補償制度，

加快自然資源及其產品價格改革，堅持使用資源付費和誰污染環境、誰破壞生態誰付費原則，穩定和擴大退耕還林、退牧還草範圍，建立有效調節工業用地和居住用地合理比價機制，完善對重點生態功能區的生態補償機制，推動地區間建立橫向生態補償制度，建立吸引社會資本投入生態環境保護的市場化機制。四是改革生態環境保護管理體制，建立和完善嚴格監管所有污染物排放的環境保護管理制度，建立陸海統籌的生態系統保護修復和污染防治區域聯動機制，健全國有林區經營管理體制，完善集體林權制度改革，對造成生態環境損害的責任者嚴格實行賠償制度，依法追究刑事責任。

（三）綠色發展是新發展理念的重要組成部分

2015 年召開的黨的十八屆五中全會的一個重大貢獻，就是創造性地提出了中國特色社會主義的新發展理念，即創新協調開放綠色共用的發展理念。全會強調，堅持創新發展、協調發展、綠色發展、開放發展、共用發展，是關係我國發展全域的一場深刻變革，具有重大現實意義和深遠歷史意義。

全會在提出全面建成小康社會新的目標要求時，把生態環境品質總體改善作為一個重要內容鮮明地提出來。全會審議通過的《中共中央關於制定國民經濟和社會發展第十三個五年規劃的建議》，對生態文明建設的目標要求做了明確規定：生產方式和生活方式綠色、低碳水準上升；能源資源開發利用效率大幅提高，能源和水資源消耗、建設用地、碳排放總量得到有效控制，主要污染物排放總量大幅減少；主體功能區佈局和生態安全屏障基本形成。

　　為了貫徹綠色發展理念，實現全面建成小康社會的目標要求，全會對堅持綠色發展、著力改善生態環境作出了一系列重大戰略部署，明確提出要堅持綠色富國、綠色惠民，為人民提供更多優質生態產品，推動形成綠色發展方式和生活方式，協同推進人民富裕、國家富強、中國美麗。為此，必須促進人與自然和諧共生，有度有序利用自然，調整優化空間結構，劃定農業空間和生態空間保護紅線，構建科學合理的城市化格局、農業發展格局、生態安全格局、自然岸線格局。加快建設主體功能區，發揮主體功能區作為國土空間開發保護基礎制度的作用，落實主體功能區規劃，完善政策，發佈全國主體功能區規劃圖和農產品主產區、重點生態功能區目錄，推動各地區依據主體功能定位發展。推動低碳循環發展，推進能源革命，加快能源技術創新，建設清潔低碳、安全高效的現代能源體系。全面節約和高效利用資源，堅持節約優先，樹立節約集約循環利用的資源觀。加大環境治理力度，以提高環境品質為核心，實行最嚴格的環境保護制度，形成政府、企業、公眾共治的環境治理體系。築牢生態安全屏障，堅持保護優先、自然恢復為主，實施山水林田湖生態保護和修復工程，構建生態廊道和生物多樣性保護網絡，全面提升森林、河湖、濕地、草原、海洋等自然生態系統穩定性和生態服務功能。

（四）人與自然和諧共生是社會主義現代化強國的題中之義

　　習近平總書記在黨的十九大報告中，對五年來生態文明建設的顯著成效做了全面總結：大力度推進生態文明建設，全黨全國貫徹綠色

發展理念的自覺性和主動性顯著增強，忽視生態環境保護的狀況明顯改變。生態文明制度體系加快形成，主體功能區制度逐步健全，國家公園體制試點積極推進。全面節約資源有效推進，能源資源消耗強度大幅下降。重大生態保護和修復工程進展順利，森林覆蓋率持續提高。生態環境治理明顯加強，環境狀況得到改善。引導應對氣候變化國際合作，成為全球生態文明建設的重要參與者、貢獻者、引領者。

進入新時代，面對新矛盾，肩負新使命，開啟新征程，以習近平同志為核心的黨中央對生態文明建設的重要性作出了新的概括，把生態文明建設、美麗中國建設、提高到黨的基本路線、社會主義現代化強國、新時代中國特色社會主義基本方略的高度。

在闡述黨的基本路線時，把「美麗」寫進黨的奮鬥目標，明確提出黨要「領導和團結全國各族人民，以經濟建設為中心，堅持四項基本原則，堅持改革開放，自力更生，艱苦創業，為把我國建設成為富強民主文明和諧美麗的社會主義現代化強國而奮鬥。」

在部署新時代建設社會主義現代化強國新征程時，每一個重要歷史階段的發展目標中都強調了生態文明問題：在全面建成小康社會決勝期，要統籌推進經濟建設、政治建設、文化建設、社會建設、生態文明建設，堅定實施可持續發展戰略，堅決打好污染防治的攻堅戰；基本實現社會主義現代化，要達到生態環境根本好轉，美麗中國目標基本實現；把我國建成富強民主文明和諧美麗的社會主義現代化強國，要達到物質文明、政治文明、精神文明、社會文明、生態文明全面提升，讓人民享有更加幸福安康的生活。

在闡述新時代中國特色社會主義的基本方略時，把「堅持人與自然和諧共生」作為「十四個堅持」的一條加以突出強調。

　　科學把握自然發展的規律，正確處理人與自然的關係，是生態文明建設的核心問題。人類只有遵循自然規律才能有效防止在開發利用自然上走彎路，人類對大自然的傷害最終會傷及人類自身，這是無法抗拒的規律。對此，習近平總書記明確提出：人與自然是生命共同體，人類必須尊重自然、順應自然、保護自然。我們要建設的現代化是人與自然和諧共生的現代化，既要創造更多物質財富和精神財富以滿足人民日益增長的美好生活需要，也要提供更多優質生態產品以滿足人民日益增長的優美生態環境需要。必須堅持節約優先、保護優先、自然恢復為主的方針，形成節約資源和保護環境的空間格局、產業結構、生產方式、生活方式，還自然以寧靜、和諧、美麗。

　　為了把這些科學理論貫徹落實到實際行動之中，黨的十九大報告圍繞著加快生態文明體制改革、建設美麗中國，從推進綠色發展、著力解決突出環境問題、加大生態系統保護力度改革生態環境監管體制等幾個方面，制定了一系列戰略部署和重大舉措。我們一定要全面貫徹落實這些戰略部署，在習近平新時代中國特色社會主義思想指引下，牢固樹立社會主義生態文明觀，推動形成人與自然和諧發展現代化建設新格局，為保護生態環境做出新的努力。

二、樹立「兩山」理念，堅持基本國策

　　建設生態文明是中華民族永續發展的千年大計，必須樹立正確的發展理念，平衡和協調經濟發展和生態環保之間的辯證關係，堅持節約資源和保護環境的基本國策，統籌山水林田湖草系統治理，營造和

守護「天藍、地綠、水淨」的美麗中國。

（一）像對待生命一樣對待生態環境

習近平總書記多次強調，保護生態環境就是保護生產力，改善生態環境就是發展生產力，必須扎實推進生態環境保護優先戰略，「要像保護眼睛一樣保護生態環境，像對待生命一樣對待生態環境。」[1] 切實重視生態環境保護的重要價值，實現環境保護與綠色發展。

自然界是人類社會產生、存在和發展的前提，人類可通過社會實踐活動利用和改造自然，人與自然之間是相互依存的有機聯繫整體。生態興則文明興，生態衰則文明衰。地球村是我們賴以生存生活的家園，自然生態與人類是有機統一的生命體，人類發展必須服從於自然界的發展規律，人類自身才能實現可持續健康發展。要尊重以資源環境承載能力為基礎的生態規律，實現以人與自然和諧共生的可持續性發展目標。

生態環境保護事關民族長遠發展。我們必須對人民群眾和子孫後代高度負責，摒棄以犧牲環境資源換取經濟增速的粗放發展模式，全面推進生態文明建設，提升生態環境品質和補齊生態短板，實現可持續性發展，建設美麗中國。堅持深化改革和創新驅動，推動綠色、循環和低碳發展，重點突破和整體推進生態文明建設目標，留下更多的蔚藍天空、清澈河水和乾淨土壤，讓人民群眾在良好生態環境中生產生活。

---

1 中共中央宣傳部：《習近平總書記系列重要講話讀本》，學習出版社 2014 年版，第 233 頁。

（二）樹立綠水青山就是金山銀山的理念

「綠水青山就是金山銀山」理念，是習近平總書記領導生態環境保護、生態文明建設的重要思想觀點，體現了馬克思主義生態自然觀念的本質要求，科學詮釋了環境、生態與生產力發展的辯證關係，指明了人與自然由衝突走向和諧的發展方向，最終實現人與自然和諧共生的雙重價值，反映了中國經濟發展與生態環境保護的雙贏追求，極大地豐富和發展了馬克思主義的生態理論、生產力理論，是當代中國馬克思主義的有機構成。

綠水青山就是金山銀山，強調了綠水青山就是自然資產、生態產品與服務，是區域平衡發展與城鎮生態競爭力，是發展綠色低碳產業的基礎資源，更是廣大人民生活幸福的品質保障。樹立和貫徹這個理念，就要堅持勿用綠水青山換取金山銀山的總體原則，引領「留住綠水青山何愁金山銀山」發展理念，探索以綠水青山引來金山銀山的發展路徑，架起綠水青山與金山銀山之間的發展橋樑，構建綠色低碳的特色產業體系，構建自然秀美的生態環境體系，構建互聯互通的綠色合作體系，構建系統完整的制度創新體系。

「綠水青山就是金山銀山」理念，是中國特色社會主義生態文明建設理論的重要組成部分，是中國特色社會主義生態文明建設的重要理論指引，更是經濟社會可持續發展與轉變經濟發展方式的實踐綱領，我們必須牢牢堅持和貫徹落實。

（三）堅持節約資源和保護環境的基本國策

節約資源和保護環境，我國的重要基本國策，是生態文明建設和生態文明體制改革的重要政策和法律依據，也是提升人民群眾獲得良好生態環境的幸福感的重要保障，我們必須毫不動搖地貫徹落實，構建人與環境良性互動和協調發展的友好關係，實現經濟社會發展與自然生態相互協調發展。

堅持節約資源和保護環境的基本國策，是中國特色社會主義生態文明建設的重大戰略，是建設資源節約型、環境友好型社會和美麗中國的制度性安排。習近平總書記強調，要「堅持節約資源和保護環境的基本國策，堅持節約優先、保護優先、自然恢復為主的方針。」[1]中共中央國務院關於加快推進生態文明建設的意見明確指出，要「加快建設資源節約型、環境友好型社會，形成人與自然和諧發展現代化建設新格局，推進美麗中國建設。」[2]我們要按照這些要求，牢牢立足於中國社會主義初級階段的基本國情及其階段性特徵，研究解決生態環保突出問題，保障國家生態安全，推動形成人與自然和諧發展的現代化建設格局，推進美麗中國建設。

堅持節約發展，就要在能源資源開發和利用中，把節約放在優先位置，推廣循環利用和污染治理的先進技術，大力發展清潔綠色能源

1〈堅持節約資源和保護環境基本國策，努力走向社會主義生態文明新時代〉，《人民日報》2013 年 5 月 25 日第 1 版。

2〈中共中央關於制定國民經濟和社會發展第十三個五年規劃的建議〉，《人民日報》2015 年 11 月 4 日第 1 版。

和可再生能源，保護不可再生資源，把提高能源資源利用效率作為核心任務，建設科學合理的能源資源循環利用體系，用最少的資源消耗來支撐經濟社會的持續發展。

構建資源節約型和環境友好型社會，就要堅持在環境保護與發展中，把保護放在優先位置，在發展中保護、在保護中發展；在生態建設與修復中，以自然恢復為主，與人工修復相結合。倡導人與自然的綠色發展和綠色生活，通過多種舉措降低環境污染對經濟社會影響，將各領域和全過程都限制在生態環境承載容量內。

（四）建立健全最嚴格的生態環保制度和法律法規

習近平總書記強調，要建設生態文明和構建美麗中國，必須實行最嚴格的生態環境保護制度。「只有實行最嚴格的制度、最嚴密的法制，才能為生態文明建設提供可靠保障」[1]。中國生態環保問題的法治體制機制尚不健全，必須實行最嚴格的生態環境保護制度，構建產權清晰、多元參與和激勵約束的生態環保系統，依靠制度實現生態文明建設；必須樹立生態法治觀念，構建綠色循環低碳發展的生態環保法律體系，規範和約束各類資源環境開發、利用和保護行為，在源頭上嚴防，在過程中嚴管，出現問題嚴懲，不斷深化中國特色社會主義生態文明建設的法治化和制度化。

構建科學高效的考核評價體系。科學高效的考核評價體系是重要

1《習近平談治國理政》，外文出版社 2014 年版，第 210 頁。

的指揮棒，深化生態文明體制改革和推動美麗中國建設，必須積極完善國民經濟社會發展的考核評價體系。習近平總書記明確提出，要完善經濟社會發展考核評價體系，將「資源損耗、環境破壞、生態效益等體現生態文明建設狀況的指標納入經濟社會發展評價體系」[1] 強調生態文明建設的價值導向和制度約束，構建體現生態文明建設和美麗中國要求的目標體系、考核辦法和獎懲機制。

　　建立生態環境損害責任終身追究制度。「對於那些不顧生態環境盲目決策、導致嚴重後果的領導幹部，必須追究其責任，而且應該終身追究」[2]。生態文明建設涉及經濟社會發展諸多方面，必須建立健全生態文明建設管理和責任追究制度，落實生態環境損害賠償和任期責任終身追究制度。通過這些制度，有效改善領導幹部的政績工程偏向及相關盲目追求，對經濟可持續性發展和生態環境保護提供重要保障。

　　建立健全自然資源產權和生態環境用途管理制度。推動深化生態文明體制改革和搭好生態環保基礎性框架，構建權屬清晰、權責明確、監管有效的自然資源產權制度。加快構建以空間規劃為基礎和以用途管制為主要手段的國土空間開發保護制度，構建以空間治理和空間結構優化為主要內容的空間規劃體系，建立更多運用經濟杠杆進行的生態環保治理市場體系，探索實行耕地輪作休耕的土地紅線制度，實行省以下環保機構檢測監察執法垂直管理制度。

---

1 中共中央宣傳部：《習近平總書記系列重要講話讀本》，學習出版社 2014 年版，第 129 頁。

2 中共中央宣傳部：《習近平總書記系列重要講話讀本》，學習出版社 2014 年版，第 130 頁。

　　探索覆蓋全面、科學規範、管理嚴格的資源總量管理和全面節約制度。反映市場供求和資源稀缺程度、體現自然價值和代際補償的資源有償使用和生態補償制度，健全監管統一、執法嚴明、多方參與的以改善環境品質為導向的環境治理體系和損害賠償制度，完善生態環境保護的監測網絡，形成政府部門主導協同與社會公眾參與的監督格局。

　　完善最嚴格的生態環保法律法規，強化生態環保法律制度執行力。法律法規是建設生態文明的強大支撐。只有系統完備的最嚴格制度和最嚴密法治，才能發揮制度引導、規制、激勵和約束功能，充分發揮我國的制度優勢。以 2015 年《環境保護法》為標誌，我們初步形成了中國特色社會主義生態環保法律體系，為生態文明體制改革、建設美麗中國和實現綠色發展提供了最堅實的法制保障。在此基礎上，我們要重視構建和完善生態環境保護的立法體系，強化我國生態環保法律的剛性限制和高壓約束。嚴格執法是生態文明制度建設的難點問題。為此，要嚴格執行生態環保的法律法規，打擊和遏制環保違法犯罪行為，強化生態環保制度執行效力。與此同時，要規範生態環境保護的司法監督實踐，做好生態環保法律法規的宣傳普及，生態環保部門要主動向社會公眾公開其執法依據和司法情況，以公開透明、公正廉潔姿態自覺接受社會各界監督管理。

三、形成綠色發展方式和生活方式，
堅定走文明發展道路

樹立正確理念是觀念前提，形成科學的發展和生活方式是對正確理念的踐行，是建設中國特色社會主義生態文明的關鍵環節，為此，我們必須形成綠色發展方式和生活方式，堅定走生產發展、生活富裕、生態良好的文明發展道路。

（一）把握綠色發展方式和生活方式的基本要求

推動形成綠色發展方式和生活方式，是我們在發展觀念上的一場深刻革命。就是要堅持和貫徹綠色發展理念，正確處理經濟發展和生態環境保護的關係，堅決摒棄損害甚至破壞生態環境的發展模式，堅決摒棄以犧牲生態環境換取一時一地經濟增長的做法，讓良好生態環境成為人民生活的增長點、成為經濟社會持續健康發展的支撐點、成為展現我國良好形象的發力點，讓中華大地天更藍、山更綠、水更清、環境更優美。

我們必須認真學習貫徹黨的十九大精神，貫徹落實《關於加快推動生活方式綠色化的實施意見》，把握綠色發展方式和生活方式的總體要求 堅持更新理念、夯實基礎，節約優先、綠色消費，創新驅動、政策引導，典型示範、全民行動等基本原則。到 2020 年，生態文明價值理念在全社會得到推行，全民生活方式綠色化的理念明顯加強，生

活方式綠色化的政策法規體系初步建立。公眾踐行綠色生活的內在動力不斷增強，社會綠色產品服務快捷便利，公眾綠色生活方式的習慣基本養成。最終全社會實現生活方式和消費模式向勤儉節約、綠色低碳、文明健康的方向轉變，形成人人、事事、時時崇尚生態文明的社會新風尚。

　　生態文明建設同每個人息息相關，每個人都應該做踐行者、推動者，倡導推廣綠色消費、科技創新與協調發展。綠色消費是生活方式綠色化理念的支撐，個人自律是生活方式綠色化理念的主線，激勵帶動是生活方式綠色化理念的助力。我們要推動發展方式和生活方式綠色化理念深入人心，強化對生態文明建設重大決策部署的宣傳教育，提高公眾生態文明社會責任意識，夯實中國特色生態文明建設的社會和群眾基礎。要引領發展方式和生活方式向綠色化轉變，全面構建推動發展方式和生活方式綠色化全民行動體系，積極搭建綠色發展方式和生活方式的行動網絡和平臺，開展發展方式與生活方式綠色化活動，調動公眾積極主動參與，積極培育和踐行綠色發展和生活的生態環境文化。

（二）完成好綠色發展方式和生活方式的重點任務

　　加快構建科學適度有序的國土空間佈局體系、綠色循環低碳發展的產業體系、約束和激勵並舉的生態文明制度體系、政府企業公眾共治的綠色行動體系，加快構建生態功能保障基線、環境品質安全底線、自然資源利用上線三大紅線，全方位、全地域、全過程開展生態環境保護建設。

　　加快轉變經濟的發展方式，推進供給側結構性改革任務，根本改善生態環境的保護現狀。改變過多依賴增加物質資源消耗、規模粗放擴張和高能耗高排放等產業，改變單純依靠增加人財物等生產要素投入的以資源環境換取經濟增長模式，把經濟發展基點放到更多依靠科技、管理和創新等優勢驅動的綠色引領發展。

　　加大環境污染的綜合治理，深化大氣、水、土壤等品質管制，分區施策改善大氣的環境品質，精準發力提升水的環境品質，分類預防和治理土壤的環境污染。強化大氣、水、土壤等污染防治工作，加強農業面源污染治理和土壤修復，加大城鄉重點區域環境的綜合整治力度。

　　加快推進生態保護修復工程，加大生態環保綜合治理力度。要堅持保護優先、自然恢復為主的生態理念，統籌山水林田湖草系統治理和保護修復，開展大規模國土綠化行動等空間開發格局，加快水土流失和荒漠化石漠化綜合治理。

　　全面促進資源節約集約利用，針對生態環境問題更新生態發展觀，避免資源過度開發、粗放利用、奢侈消費。要樹立節約集約循環利用的資源觀，把資源節約集約利用放在優先位置，用最少的資源環境代價取得最大的經濟社會效益。

（三）走生產發展、生活富裕、生態良好的文明發展道路

　　中國特色社會主義生態文明是人類文明史上嶄新的發展階段，是對歐美等資本主義發達國家及其工業文明的傳承和超越，否定和揚棄了西方先污染後治理的現代化弊病。強調人與自然和諧共生的生態文

明建設理念，實現人與自然、人與人、人與社會和諧，避免人對自然無限索取的緊張發展模式，著力解決好發展不平衡不充分問題以提升發展品質和效益，更好滿足人民在經濟、政治、文化、社會、生態等方面的需要，更好推動人的全面發展、社會的全面進步。

中國特色社會主義生態文明，是為保護和建設美好生態環境所取得物質、精神和制度的成果總和，是貫穿於經濟、政治、文化和社會建設全過程和各方面的系統工程。生態文明建設對經濟建設提出更高要求，要求我們徹底轉變以 GDP 論英雄的傳統觀念，實現以提升效益和發展品質的可持續性發展。黨的十八大以來，習近平總書記提出的綠色發展理念，已經逐漸成為政府部門、理論學界和社會各界人士的思想共識，推動全社會形成綠色發展觀、政績觀和生產生活方式。

為了更好地推進生態文明，建設美麗中國，我們必須堅定走生產發展、生活富裕、生態良好的文明發展道路，把生態文明建設融入經濟建設、政治建設、文化建設、社會建設各方面和全過程，著力樹立生態文明理念、完善生態文明制度體系、維護生態安全、優化生態環境，形成節約資源和保護環境的空間格局、產業結構、生產方式、生活方式，堅定推進綠色發展和實現自然資本增值，讓良好生態環境成為人民生產生活增長點，努力開創中國特色社會主義生態文明新時代。

（四）擔當國際責任，為全球生態安全做出應有貢獻

世界生態環境彼此相互聯結與相互影響，攜手應對全球氣候變化和保護地球生態環境，實現人口、資源和環境的可持續發展，是世界各國的共同責任。「國際社會應該攜手同行，共謀全球生態文明建

設之路，牢固樹立尊重自然、順應自然、保護自然的意識，堅持走綠色、低碳、循環、可持續發展之路」[1]。為了維護全球生態安全和實現環境治理的全球聯動，國際社會應攜手同行，共謀全球生態文明建設道路，推動形成公平合理與合作共贏的全球氣候治理體系。

中國是一個負責任的社會主義大國，不僅在國內搞好生態文明建設，而且努力在維護全球生態安全方面做出應有貢獻。中國做好自身生態保護與環境治理，就是對全球生態安全做出的基本貢獻。中國積極承擔與基本國情、發展階段和實際能力相符的國際義務，倡導構築尊崇自然、綠色發展的生態體系，積極參與全球環境治理，積極參與國際制度的制定和落實，努力引導應對氣候變化的國際合作，為全球生態安全做出了重要貢獻。中國在推動國內生態文明和美麗中國建設實踐的同時，實施生態文明與綠色發展理念「走出去」戰略，為國際環境與發展事業提供參考和借鑒。我國積極參與和制定國際綠色經濟規則和全球可持續發展目標，我國的生態文明理念和規劃實踐被正式寫入聯合國環境規劃署第二十七次理事會決議案，得到國際認可和普遍讚譽。

中國已經成為全球生態治理體系的積極參與者、貢獻者與引領者。中國積極參與國際社會和國際組織應對生態惡化問題，尋求加強全球氣候變化、北極南極科考等國際交流與合作，堅持擔當共同但有區別的責任原則，共同推進綠色、低碳、環保型的經濟轉型和可持續發展。2015 年 11 月，在巴黎出席全球氣候變化大會上，習近平總書記明確提

1〈習近平在第七十屆聯合國大會一般性辯論時的講話〉，《新華日報》2015 年 9 月 29 日。

出，要攜手構建合作共贏、公平合理的氣候變化治理機制，中國支持
國際社會強化全球生態安全對話合作，積極主動參與全球生態環境問
題治理，共同應對生態環境保護等可持續性發展問題。中國對聯合國
《千年發展目標》做出重大貢獻，積極推動聯合國《2030 年可持續發
展議程》確定的發展目標，推動《巴黎協定》談判、達成、生效和實施。
針對美國退出《巴黎協定》和其他國家規避環境責任的現狀，中國積
極參與全球環境治理、貢獻全球生態安全和引領世界生態文明建設，
更加廣泛地參與國際環境治理，形成全球生態環境的保護合力。

堅持總體國家安全觀

堅持整體國家安全觀。統籌發展和安全，增強憂患意識，做到居安思危，是我們黨治國理政的一個重大原則。必須堅持國家利益至上，以人民安全為宗旨，以政治安全為根本，統籌外部安全和內部安全、國土安全和國民安全、傳統安全和非傳統安全，完善國家安全制度體系，加強國家安全能力建設，堅決維護國家主權、安全、發展利益。

一、總體國家安全觀的歷史和現實依據

習近平總書記的總體國家安全觀，絕不是憑空提出的，而是充分吸收古代思想智慧、深刻總結我們黨的治國理政經驗、全面分析當代國家安全的現實問題而提出的重大戰略思想。

（一）中國優秀傳統文化包含著國家安全問題的豐富遺產

人類社會有了國家，就同時有了國家安全問題。中國古代國家和

社會治理思想中有著非常豐富的國家安全的論述，不僅系統描述了政治安全問題，在社會安全、經濟安全等方面也論述頗多。

《詩經》講道：「普天之下，莫非王土；率土之濱，莫非王臣。」

《荀子》講道：「君者，舟也；人，水也。水則載舟，亦能覆舟。」

《管子》闡述了「國之四維」論：「一曰禮，二曰義，三曰廉，四曰恥。」「四維不張，國乃滅亡。」國之五害，「水，一害也；旱，一害也；風霧雹霜，一害也；厲，一害也；蟲，一害也。」

《墨子》闡述了「國有七患」論：「國有七患。七患者何？城郭溝池不可守而治宮室，一患也；邊國至境，四鄰莫救，二患也；先盡民力無用之功，賞賜無能之人，民力盡於無用，財寶虛於待客，三患也；仕者持祿，遊者憂交，君修法討臣，臣懾而不敢拂，四患也；君自以為聖智而不問事，自以為安強而無守備，四鄰謀之不知戒，五患也；所信不忠，所忠不信，六患也；畜種菽粟不足以食之，大臣不足以事之，賞賜不能喜，誅罰不能威，七患也。以七患居國，必無社稷；以七患守城，敵至國傾。七患之所當，國必有殃。」

這些論述，為當代人類形成和創立國家安全觀提供了寶貴的思想遺產，豐富的智慧借鑒。

隨著人類文明的發展，不論是國家的內部結構與運行方式，還是國家的外部關係與發展環境，都發生了極為深刻的變化，國家安全面臨許多前所未有的挑戰、困難和風險。因此，我們要高度重視國家安全問題，充分吸收借鑒中國優秀思想文化中的國家安全理念，在理論和實踐上將國家安全作為一個重大課題加以解決，以總體性的國家安全觀對國家工作進行指導。

（二）總體安全觀是中國共產黨治國理政經驗的理論提升

總體安全觀的提出是我們黨領導國家安全工作不斷探索實踐的結果，是我們黨對國家安全工作長期高度重視的凸顯。在十八屆政治局第十四次集體學習時，習近平總書記深刻總結道：改革開放以來，我們黨始終高度重視正確處理改革發展穩定關係，始終把維護國家安全和社會穩定作為黨和國家的一項基礎性工作。

我們可以對此做一個簡單的回顧：

1983 年，中央政府在第六屆全國人民代表大會第一次會議上的政府工作報告中首次使用了「國家安全」一詞。

1986 年，中共中央首次在《中共中央關於社會主義精神文明建設指導方針的決議》中提及「國家安全」。

1992 年，中國共產黨第十四次全國代表大會的報告中首次出現「國家安全」術語。

1997 年，中國共產黨第十五次全國代表大會的報告中首次提及「國家經濟安全」。

2002 年，我國政府在東盟地區外長會議發佈了《中國關於新安全觀的立場文件》以及同年 11 月中國共產黨第十六次全國代表大會的報告中，我們黨系統地提出了「以互信、互利、平等、合作為核心」的「新安全觀」。

十八大以後，習近平總書記在多個場合的重要講話和論述都涉及國家安全工作。並指出：我們保持了社會大局穩定，為改革開放和社會主義現代化建設營造了良好環境。「安而不忘危，存而不忘亡，治而不忘亂。」同時，必須清醒地看到，新形勢下我國國家安全和社會

安定面臨的威脅和挑戰增多，特別是各種威脅和挑戰聯動效應明顯。我們必須保持清醒頭腦、強化底線思維，有效防範、管理、處理國家安全風險，有利應對、處理、化解社會安定挑戰。

理論探索的成果，為實踐上的發展做了充分的思想準備。在我們黨的帶領下，國家安全工作常抓不懈，有序開展：

1977年，十一屆一中全會通過了「由63人組成的中央軍事委員會」，十一屆三中全會提出「加強國防」。

1982年，中國共產黨第十二次全國代表大會通過新章程，明確規定「黨的中央軍事委員會組成人員由中央委員會決定」。

1983年，中央政府將原中央調查部、公安部、統戰部、國防科工委等部門中涉及微觀國家安全的職能進行整合，成立了國家安全部。

1987年，黨的十三大提出「國防現代化」；1992年，黨的十四大，1997年，黨的十五大，繼續強調「要加強人民武裝警察部隊和公安、安全等部門工作的建設」，1995年，中央軍委提出對武警部隊實行「兩統一分體制」，對武警部隊進行了重大改革。

2002年，黨的十六大報告明確指出中國面臨的安全形勢是「傳統安全威脅和非傳統安全威脅的因素相互交織」，這表明我們黨已經開始重視非傳統安全因素。2004年，十六屆四中全會再一次提出「經濟安全、文化安全和信息安全」等非傳統安全問題。

2012年，黨的十八大又把非傳統安全問題擴展到「糧食安全、能源安全、網絡安全」，這標誌著我們黨的國家安全觀逐漸由重視傳統安全到統籌傳統安全與非傳統安全，這也為2013年黨的十八屆三中全會提出「設立國家安全委員會」「國家安全戰略」等打好了基礎。

在這些理論和實踐探索的基礎上，我們黨提出了總體國家安全觀

的思想。2014年，習近平總書記在中央國家安全委員會第一次會議上提出「總體國家安全觀」，並明確提出「建立集中統一、高效權威的國家安全體制」的總目標。

（三）總體國家安全觀是對當代國家安全問題的科學回答

當前，我國國家安全內涵和外延比歷史上任何時候都要豐富，時空領域比歷史上任何時候都要寬廣，內外因素比歷史上任何時候都要複雜，必須堅持總體國家安全觀。

黨的十八大以來，我們黨毫不動搖地堅持和發展中國特色社會主義，以更大的政治勇氣和智慧、更有力的措施和辦法開啟中華民族偉大復興的新征程，帶領全黨全國各族人民邁進全面建成小康社會的決勝階段。越是在這樣的關鍵時刻，我們就越是需要為實現中國夢護航的國家安全新理念，越是需要全面、辯證分析國家安全新視角，越是需要著力推進國家安全工作新思路，越是需要維護國家主權、安全和發展利益的新途徑。

以習近平同志為核心的黨中央準確分析國家安全形勢變化的新特點、新趨勢，站在戰略全域高度，把握國家安全問題，把國家安全放在「四個全面」戰略佈局中總體運籌，勇於創新，在我們黨歷史上第一次明確提出了總體國家安全觀的重大戰略思想，並主持制定了我國第一份《國家安全戰略綱要》，統籌國內國際兩個大局考慮國家安全問題，有針對性地闡明了國家安全的重大理論和現實問題，把對國家安全基本規律的認識提升到了一個新水準。

黨的十八屆三中全會決定成立國家安全委員會，這是推進國家治

理體系和治理能力現代化、實現國家長治久安的迫切要求，是全面建成小康社會、實現中華民族偉大復興中國夢的重要保障，目的就是更好適應我國國家安全面臨的新形勢新任務，建立集中統一、高效權威的國家安全體制，加強對國家安全工作的領導。2014 年 4 月，習近平總書記主持召開中央國家安全委員會第一次會議，首次提出總體國家安全觀：要準確把握國家安全形勢變化新特點新趨勢，堅持總體國家安全觀，走出一條中國特色國家安全道路。我們黨要鞏固執政地位，要團結帶領人民堅持和發展中國特色社會主義，保證國家安全是頭等大事。在此基礎上，黨的十九大報告系統闡述了習近平總書記的總體國家安全觀思想，並把它作為新時代堅持和發展中國特色社會主義的基本方略，納入習近平新時代中國特色社會主義思想之中。

　　總體國家安全觀是習近平新時代中國特色社會主義思想的重要組成部分，既見之於習近平總書記關於國家安全觀的一系列重要講話、論述，也體現在黨的十八大以來黨中央領導內政外交國防的豐富實踐，涉及政治、國土、軍事、經濟、文化、社會、科技、網絡、生態、資源，涉及海外利益等多個領域。同時，總體國家安全觀是一個開放的戰略思想體系，隨著國家安全事件的持續推進而不斷發展。因此，學習貫徹總體國家安全觀，關鍵是要深入理解其新思想新論斷新要求，著力把握其中體現的思維方法和工作方法，不斷增強能力本領並付諸實踐。

二、堅持總體國家安全觀的基本原則

學習好、貫徹好總體國家安全觀，是不斷開拓黨和國家事業發展新境界的必然要求。貫徹落實總體國家安全觀，必須既重視外部安全，又重視內部安全，對內求發展、求變革、求穩定、建設平安中國，對外求和平、求合作、求共贏、建設和諧世界；既重視國土安全，又重視國民安全，堅持以民為本、以人為本，堅持國家安全一切為了人民、一切依靠人民，真正夯實國家安全的群眾基礎；既重視傳統安全，又重視非傳統安全，構建集政治安全、國土安全、軍事安全、經濟安全、文化安全、社會安全、科技安全、信息安全、生態安全、資源安全、核安全等於一體的國家安全體系；既重視發展問題，又重視安全問題，發展是安全的基礎，安全是發展的條件，富國才能強兵，強兵才能衛國；既重視自身安全，又重視共同安全，打造命運共同體，推動各方朝著互利互惠、共同安全的目標相向而行。正是基於這種現實，習近平總書記強調，要以人民安全為宗旨，以政治安全為根本，以經濟安全為基礎，以軍事、文化、社會安全為保障，以促進國際安全為依託，走一條中國特色國家安全道路。

（一）堅持黨對國家安全工作的領導

習近平總書記指出：中國特色社會主義最本質的特徵是中國共產黨領導，中國特色社會主義制度的最大優勢是中國共產黨的領導，黨

是最高政治領導力量。黨的領導地位是歷史的選擇，也是人民的重托，歸根到底是近代以來中國的歷史邏輯、政治邏輯、實踐邏輯所決定的。正是有了黨的堅強領導，中國人民才從根本上改變了自己的命運，中國發展才取得了舉世矚目的偉大成就，中華民族才迎來了偉大復興的光明前景。黨的十八大以來，黨和國家各項事業之所以開創新局、譜寫新篇，也離不開黨的堅強領導和頑強奮鬥。堅持黨的領導，是黨和國家的根本所在、命脈所在，是全國各族人民的利益所系、幸福所系。只有堅持黨對國家安全工作的領導，才能保證我們國家的安全工作的開展，才能為國家發展提供安全的環境，才能使中華民族偉大復興安全實現。堅持黨對國家安全工作的領導，就必須要自覺維護黨中央權威和集中統一領導，自覺在思想上政治上行動上同黨中央保持高度一致，必須要確保黨始終總攬全域、協調各方。只有這樣，才能在黨的領導下將國家安全工作推向新的更好的局面。

（二）國家利益至上

中國人的「國家」概念自古就是「家國同構」「沒有國哪有家」「先有國再有家」「家是最小國，國是最大家」。歷史多次表明，沒有國家安全，家庭和個人安全無從談起。十八大以來，在黨的堅強領導下，國家安全、國家實力和國際地位得到了極大的提高，國民的安全水準和安全保障得到了極大的提升。正是因為如此，我們在進行國家安全工作時，一定要將國家利益放在至高無上的地位，只有堅持國家利益至上，人民的利益才能得到切實保障。首先，要樹立正確的國家安全觀，全體國民要自覺維護國家利益，從自身做起，遵紀守法，做愛國

公民；其次，要自覺維護國家安全，要增強安全意識，提高安全敏銳度，及時發現並將安全威脅彙報相關安全部門；同時在必要的時候，要挺身而出，為安全工作做貢獻。

（三）以人民安全為宗旨

我們黨始終堅持「以民為本、以人為本」，在進行安全工作時，始終堅持國家安全一切為了人民、一切依靠人民，確保人民安居樂業幸福；增強發展的全面性、協調性、可持續性，加強保障和改善民生工作，縮小收入分配差距，大幅減少扶貧對象，從源頭上預防和減少社會矛盾的產生；扎實推進全面依法治國戰略，以促進社會公平正義、增進人民福祉為出發點和落腳點，加大協調各方面利益關係的力度，推動發展成果更多更公平惠及全體人民；加強對人民群眾的國家安全教育，提高全民國家安全意識，最終實現人民安居樂業，社會和諧穩定，國家長治久安，民族興旺繁榮。

實踐表明，我們黨領導下的國家安全工作越來越有能力、有水準保障人民安全：2006 年，所羅門群島騷亂，外交部撤僑 310 人，東帝汶騷亂，撤僑 243 人，黎巴嫩、以色列武裝衝突，撤僑 167 人，湯加騷亂，撤僑 193 人；2008 年，查德內亂，撤僑 411 人，泰國示威遊行導致機場關閉，營救 3346 人；2010 年，海地地震，營救 48 名滯留國人，吉爾吉斯斯坦騷亂，撤僑 1299 人；2011 年，埃及爆發示威遊行，營救包括香港同胞在內的 1800 餘人；2014 年，利比亞武裝衝突升級，撤僑 35860 人；2015 年，尼泊爾地震，開展救援，也門局勢緊張，撤僑 449 人；2016 年，新西蘭地震，開展救援。

在中華民族的歷史上，尤其是近代以來的歷史上，從來沒有過如此高密度、高效率的維護人民安全的記錄。最為明顯的是也門撤僑行動中，當以美國為代表的西方國家紛紛關閉大使館，置國民於不顧時，中國政府和中國軍隊迎著炮火接人民回家，這是世界上僅有的，不僅得到了全體中國人民的愛戴，更得到了國際社會一片讚揚。這正是我們國家安全工作以保障人民安全為宗旨的體現。

正如習近平總書記 2016 年在首個全民國家安全教育日來臨之際指出的：國泰民安是人民群眾最基本、最普遍的願望。實現中華民族偉大復興的中國夢，保證人民安居樂業，國家安全是頭等大事。要以設立全民國家安全教育日為契機，以總體國家安全觀為指導，全面實施國家安全法，深入開展國家安全宣傳教育，切實增強全民國家安全意識。要堅持國家安全一切為了人民、一切依靠人民，動員全黨全社會共同努力，彙聚起維護國家安全的強大力量，夯實國家安全的社會基礎，防範化解各類安全風險，不斷提高人民群眾的安全感、幸福感。

（四）以政治安全為根本

這就是要鞏固中國共產黨的執政地位，團結帶領人民堅持和發展中國特色社會主義，準備進行具有許多新的歷史特點的偉大鬥爭，堅決捍衛中國特色社會主義道路、理論體系、制度、文化。習近平總書記在中央外事工作會議上指出：當前和今後一個時期，我國對外工作要貫徹落實總體國家安全觀，增強全國人民對中國特色社會主義的道路自信、理論自信、制度自信、文化自信，維護國家長治久安。要爭取世界各國對中國夢的理解和支援，中國夢是和平、發展、合作、共

贏的夢，我們追求的是中國人民的福祉，也是各國人民共同的福祉。要堅決維護領土主權和海洋權益，維護國家統一，妥善處理好領土島嶼爭端問題。要維護發展機遇和發展空間，通過廣泛開展經貿技術互利合作，努力形成深度交融的互利合作網絡。要在堅持不結盟原則的前提下廣交朋友，形成遍佈全球的夥伴關係網絡。要提升我國軟實力，講好中國故事，做好對外宣傳。

（五）統籌協調多方面、多層次的國家安全工作

目前我們面臨的安全問題的複雜程度前所未有，外部安全和內部安全、國土安全和國民安全、傳統安全和非傳統安全，一起擺在我們的面前，只有在中國共產黨的堅強領導下，我們才能統籌協調，兼顧發展，將國家安全工作落實到位，為實現中華民族偉大復興的中國夢創造良好條件。

我們在進行安全工作統籌時，應當抓住經濟工作不放鬆，以經濟建設作為基礎，這就要求以經濟建設為中心，把發展作為最大的安全，特別注重金融安全、資源能源安全、糧食安全、科技安全、重大基礎設施網絡安全、生態安全、產品安全等，強化風險防控，確保經濟持續健康穩定發展，築牢國家繁榮富強、人民幸福安康、社會和諧穩定的物質基礎。當前和今後很長一個時期，維護經濟安全，要主動適應經濟發展新常態，切實把經濟工作著力點放到轉方式調結構上來，推進新型工業化、信息化、城鎮化、農業現代化同步發展，著力推動傳統產業向中高端邁進，積極發現培育新增長點；堅持互利共贏的開放戰略，扎實推進「一帶一路」建設，增強國際經濟競爭力，切

實提高海外利益保護能力和水準。

（六）完善國家安全制度體系建設

黨的十八大以來，我們黨把國家安全體制建設由國防、武警、公安和安全等強力部門深入到與非傳統安全相關的政府部門，同時採取有效措施，不斷「完善國家安全體制」，如重新組建國家海洋局，對原國家海洋局及其所管理的中國海監、公安部邊海海警、農業部中國漁政、海關總署海上緝私警察的隊伍和職責進行整合，特別是設立國家安全委員會，極大地充實了國家安全體系的內容。習近平總書記在2014年主持中央政治局就切實維護國家安全和社會安定進行第十四次集體學習時強調：各地區各部門要貫徹總體國家安全觀，準確把握我國國家安全形勢變化新特點新趨勢，堅持既重視外部安全又重視內部安全、既重視國土安全又重視國民安全、既重視傳統安全又重視非傳統安全、既重視發展問題又重視安全問題、既重視自身安全又重視共同安全，切實做好國家安全各項工作。要加強對人民群眾的國家安全教育，提高全民國家安全意識。當前，完善國家安全制度體系，要著重發揮中央國家安全委員會在完善國家安全制度體系，推進國家安全工作過程中的重要作用。在中央國家安全委員會的牽頭下，完善國家安全立法、提升國民安全意識、梳理國家機構安全職能、整合各部門設置、培訓高素質安全人員、打造一支優秀的安全隊伍、加強安全工作的依法行政能力和水準。

三、突出做好幾個重點領域的安全工作

軍事安全、文化安全、社會安全是國家安全工作的重要保障，加強國家安全能力建設，堅決維護國家主權、安全、發展利益，要突出地做好這些領域的工作。

（一）做好軍事安全工作

牢牢堅持黨對軍隊絕對領導、堅持人民軍隊根本宗旨，使軍隊真正擔當起黨賦予的歷史重任。2014 年，習近平總書記主持中共中央政治局就世界軍事發展新趨勢和推進我軍軍事創新進行第十七次集體學習時指出：面對國家安全穩定遇到的嚴峻挑戰，面對改革中的深層次矛盾和問題，更需要我們的思想觀念有一個大的解放，勇於改變機械化戰爭的思維定式，樹立信息化戰爭的思想觀念；改變維護傳統安全的思維定式，樹立維護國家綜合安全和戰略利益拓展的思想觀念；改變單一軍種作戰的思維定式，樹立諸軍兵種一體化聯合作戰的思想觀念；改變固守部門利益的思維定式，樹立全軍一盤棋、全國一盤棋的思想觀念。

緊跟世界軍事革命加速發展潮流，大力推進軍事創新，有針對性推進國防和軍隊建設改革，積極構建中國特色軍事力量體系。2015 年 12 月 31 日，中國人民解放軍陸軍領導機構、中國人民解放軍火箭軍、中國人民解放軍戰略支援部隊成立大會在八一大樓隆重舉行，習

近平總書記向陸軍、火箭軍、戰略支援部隊授予軍旗並致訓詞，他指出：陸軍是黨最早建立和領導的武裝力量，歷史悠久，敢打善戰，戰功卓著，為黨和人民建立了不朽功勳。陸軍對維護國家主權、安全和發展利益具有不可替代的作用。火箭軍是我國戰略威懾的核心力量，是我國大國地位的戰略支撐，是維護國家安全的重要基石。戰略支援部隊是維護國家安全的新型作戰力量，是我軍新質作戰能力的重要增長點。

與時俱進加強軍事戰略指導，積極運籌和平時期軍事力量運用，按照能打仗打勝仗的要求大力拓展和深化軍事鬥爭準備，提高打贏信息化條件下局部戰爭能力為核心的完成多樣化軍事任務能力。2012 年 12 月 5 日，習近平總書記會見第二炮兵第八次黨代表大會代表時指出：要堅決完成擔負的各項軍事鬥爭任務，以國家核心安全需求為導向，按照「能打仗、打勝仗」的要求，真抓實備、常備不懈，扎實推進軍事鬥爭準備各項工作。要大力培養聯合作戰指揮人才、信息化建設管理人才和導彈專業技術人才，為完成軍事鬥爭任務提供堅強人才保證。

（二）做好文化安全工作

在文化安全上，要堅持中國特色社會主義先進文化前進方向和發展道路，培育和踐行社會主義核心價值觀，鞏固馬克思主義在意識形態領域的指導地位，鞏固全黨全國各族人民團結奮鬥的共同理想基礎；加大對中國人民和中華民族的優秀文化和光榮歷史的宣傳力度，通過多種方式，加強愛國主義、集體主義、社會主義教育，引導人民樹立和堅持正確的歷史觀、民族觀、國家觀、文化觀，增強做中國人的骨

氣和底氣。要爭取世界各國對中國夢的理解和支持，提升中華文化軟實力，提高文化開放水準，擴大對外文化交流，努力傳播當代中國價值理念，努力展示中華文化獨特魅力，推動中華文化走向世界；努力提高國際話語體系建設，發揮好新媒體作用，講好中國故事，傳播好中國聲音，闡釋好中國特色。正如習近平總書記在 2013 年周邊外交工作座談會上指出的：我國周邊外交的戰略目標，就是服從和服務於實現「兩個一百年」奮鬥目標、實現中華民族偉大復興，全面發展同周邊國家的關係，鞏固睦鄰友好，深化互利合作，維護和用好我國發展的重要戰略機遇期，維護國家主權、安全、發展利益，努力使周邊同我國政治關係更加友好、經濟紐帶更加牢固、安全合作更加深化、人文聯繫更加緊密。

（三）做好社會安全工作

在社會安全上，要加快形成科學有效的社會治理體制機制，改進社會治理方式，健全公共安全體系，加強網絡空間治理和網絡秩序維護，激發社會組織活力，提高社會治理水準，確保社會安定有序。2014 年，習近平總書記主持召開中央網絡安全和信息化領導小組第一次會議時指出：網絡安全和信息化是事關國家安全和國家發展、事關廣大人民群眾工作生活的重大戰略問題，要從國際國內大勢出發，總體佈局，統籌各方，創新發展，努力把我國建設成為網絡強國。做好網上輿論工作是一項長期任務，要創新改進網上宣傳，運用網絡傳播規律，弘揚主旋律，激發正能量，大力培育和踐行社會主義核心價值觀，把握好網上輿論引導的時、度、效，使網絡空間清朗起來。

　　加快實現基本公共服務均等化，完善社會保障體系，完善和落實
維護群眾合法權益的體制機制，完善和落實社會穩定風險評估機制，
預防和減少利益衝突；全面推進依法治國，更好維護人民群眾合法權
益，創新有效預防和化解社會矛盾體制，引導群眾通過法律程序、運
用法律手段解決；要正確把握黨的民族、宗教政策。及時妥善解決影
響民族團結的矛盾糾紛，加強新形勢下的反分裂鬥爭和反恐怖鬥爭，
堅決遏制打擊暴恐勢力和分裂勢力。

（四）積極促進國際安全

　　在國際安全上，開展國家安全工作時，要兼顧國際社會的安全，
我們要以促進國家安全作為依託，超越「你輸我贏、你興我衰」的「零
和」思維，積極倡導普遍安全、平等安全、包容安全、合作安全理念。
　　習近平總書記在紐約聯合國總部出席七十屆聯合國大會演講時指
出：在經濟全球化時代，各國安全相互關聯、彼此影響。沒有一個國
家能憑一己之力謀求自身絕對安全，也沒有一個國家可以從別國的動
盪中收穫穩定。我們要摒棄一切形式的冷戰思維，樹立共同、綜合、
合作、可持續安全的新觀念。我們要充分發揮聯合國及其安理會在止
戰維和方面的核心作用，通過和平解決爭端和強制性行動雙軌並舉，
化干戈為玉帛。我們要推動經濟和社會領域的國際合作齊頭並進，統
籌應對傳統和非傳統安全威脅，防戰爭禍患於未然。
　　我們要既重視自身安全，又重視共同安全，通過促進國際安全來
增強自身安全，打造命運共同體，推動各方朝著互利互惠、共同安全
的目標相向而行；努力營造和諧穩定的國際和地區環境，搭建國際和

地區安全合作新構架，走共建、共用、共贏的安全之路。積極參與地區和全球治理，加大建設性參與解決熱點難點問題的力度，為世界和平與發展做出應有貢獻。正如習近平總書記 2015 年在新加坡國立大學演講時說到的：「單絲不線，孤掌難鳴。」亞洲各國人民要踐行亞洲安全觀，協調推進地區安全治理，共同擔當和應對傳統和非傳統安全問題，堅持以和平方式通過友好協商解決矛盾分歧，堅持發展和安全並重，共謀互尊互信、聚同化異、開放包容、合作共贏的鄰國相處之道。

堅持黨對人民軍隊的絕對領導

　　堅持黨對人民軍隊的絕對領導。建設一支聽黨指揮、能打勝仗、作風優良的人民軍隊，是實現「兩個一百年」奮鬥目標、實現中華民族偉大復興的戰略支撐。必須全面貫徹黨領導人民軍隊的一系列根本原則和制度，確立新時代黨的強軍思想在國防和軍隊建設中的指導地位，堅持政治建軍、改革強軍、科技興軍、依法治軍，更加注重聚焦實戰，更加注重創新驅動，更加注重體系建設，更加注重集約高效，更加注重軍民融合，實現黨在新時代的強軍目標。

一、人民軍隊建設的一個根本原則

1927 年第一次國共合作破裂，國民黨右派叛變革命，肆意屠殺共產黨人，這標誌著第一次國內革命徹底失敗。中國共產黨人用血的教訓換來了對「槍桿子裡面出政權」的深刻認識，這是堅持黨對人民軍

隊的絕對領導思想的最初萌芽。從此之後，中國共產黨逐漸重視堅持黨對軍隊的領導權，探索中國革命發展的新動力，開闢出黨獨立自主領導中國革命的新道路，並在革命血與火的鬥爭過程中，逐步形成了「黨指揮槍」的根本建軍原則。

（一）三灣改編開啟了黨對人民軍隊絕對領導的歷史序幕

「黨指揮槍」的原則是黨領導人民在革命戰爭年代的重要經驗總結。1927 年 9 月，毛澤東帶領秋收起義的部隊抵達江西省永新縣三灣村對軍隊進行改編，人民軍隊思想混亂的狀態得到一定程度的控制，人民軍隊的組織紀律、政治紀律得到一定加強。毛澤東總結了第一次國內革命失敗的根本原因就是中國共產黨放棄了黨對人民軍隊的領導。在吸取革命失敗經驗的基礎上，毛澤東創造性地提出「支部建在連上」的基本建軍原則，提倡軍隊建立黨小組，分為連支部、營委、團委、軍委四級，成立各級士兵委員會，實行民主制度。在政治上官兵平等，堅持黨指揮槍而不是槍指揮黨，規定軍隊的重大戰略問題必須經過黨組織集體討論、民主決定。經過三灣改編，中國共產黨初步建立了黨對軍隊絕對領導的軍事制度。對此，毛澤東曾明確指出：「紅軍所以艱難奮戰而不潰敗，『支部建在連上』是一個重要原因。」[1] 三灣改編為我們黨堅持黨指揮槍的建軍原則奠定了政治基礎，從組織上確立了黨對軍隊的領導，是建設無產階級領導的新型人民軍隊的重要開端，

1《毛澤東選集》第 1 卷，人民出版社 1991 年版，第 65 - 66 頁。

開創了堅持黨對軍隊絕對領導的歷史性探索。

（二）古田會議確立了黨對人民軍隊絕對領導的根本原則

1929 年 12 月，紅四軍第九次黨代表大會，即古田會議，旗幟鮮明地提出，中國紅軍是一個執行革命的政治任務集團，必須是服從無產階級的思想領導，必須全心全意服務於人民革命戰爭和根據地建設。古田會議的重大歷史貢獻就是確立了黨對人民軍隊的絕對領導，批評了那種認為軍事和政治是對立的、軍事與政治相分離的錯誤思想觀念，反對以任何藉口來削弱中國共產黨對紅軍的絕對領導，使中國共產黨成為軍隊中的堅強領導、最高權威、領導核心，著重加強紅軍的政治教育工作，強調人民軍隊只能有一種姓，那就是姓「共」，人民軍隊只有一個理想信念，那就是「共產主義」。黨對人民軍隊的絕對領導和黨的政治工作、民主決策是相互貫通的，沒有誰否定誰的問題。只有把堅持黨對軍隊的絕對領導貫徹好、落實好，才能發揮好黨的最高權威，保證紅軍對上級命令的執行，增強紅軍在戰鬥中的紀律和士氣。黨是最高的領導權威、核心，紅軍只能有黨這一個領導核心，而不容許有第二個領導核心，這是毛澤東對紅軍長期革命鬥爭的經驗總結。

（三）新古田會議強調了新形勢下黨對軍隊的絕對領導

黨指揮槍始終是中國共產黨對人民軍隊絕對領導的形象標誌、突出特徵。1938 年 11 月，毛澤東在批駁張國燾分裂兵權時明確提出：「槍

桿子裡面出政權，我們的原則是黨指揮槍，而絕不容許槍指揮黨」[1]。

2014 年 10 月 30 日，全軍政治工作會議在福建省上杭縣古田鎮召開，即「新古田會議」。這次會議再次突出強調了黨對軍隊的絕對領導，把理想信念、黨性原則、戰鬥力標準、政治工作威信在全軍確立起來。習近平同志強調，軍隊政治工作的時代主題是，緊緊圍繞中華民族偉大復興的中國夢，為實現黨在新形勢下的強軍目標提供堅強的政治保證。全黨全軍必須堅持以馬克思列寧主義、毛澤東思想、鄧小平理論、「三個代表」重要思想、科學發展觀為指導思想，貫徹落實黨中央全面推進依法治國和從嚴治黨的部署要求，貫徹落實依法治軍、從嚴治軍的方針和政策，緊緊圍繞我軍政治工作的時代主題，加強和改進新形勢下我軍政治工作，充分發揮政治工作對強軍興軍的關鍵性作用。

革命的政治工作是革命軍隊的生命線。實行革命的政治工作保證了我軍始終是黨的絕對領導下的人民軍隊，為我軍戰勝強大敵人和艱難險阻提供了不竭力量，使我軍始終保持了人民軍隊的本色、本質、黨性，永不變色、變質、變樣，絕不走偏、走形、走樣。當今，世界正處於大發展大變革大調整的歷史時代，國內外形勢極為嚴峻複雜，面對深化國防和軍隊改革這場考試，我軍政治工作只能加強不能削弱，只能前進不能停滯，只能積極主動作為不能消極被動應對。

要把理想信念在全軍牢固立起來，把堅定官兵理想信念作為固本培元、凝魂聚氣的戰略工程，著力培養有靈魂、有血性、有理想的新

1《毛澤東選集》第 2 卷，人民出版社 1991 年版，第 547 頁。

一代革命軍人。要把黨性原則在全軍牢固立起來，堅持黨性原則是政治工作的根本要求，必須堅持在黨言黨、在黨憂黨、在黨為黨的黨性原則，把愛黨、憂黨、興黨、護黨落實到軍隊工作的各個環節。要把戰鬥力標準在全軍牢固立起來，把戰鬥力標準作為人民軍隊建設的根本標準，聚焦能打仗、打勝仗，鍛造呼之即來、來之能戰、戰之能勝的精兵勁旅、鋼鐵雄師。要把政治工作威信在全軍牢固立起來，從模範帶頭抓起，從領導帶頭抓起，引導各級幹部特別是政治幹部把真理力量和人格力量統一起來，堅持求真務實和公道正派，推進構建軍隊山清水秀的政治生態。因此，我們始終堅持黨對軍隊的絕對領導，時刻記著我們黨和軍隊只有中國共產黨這一個領導核心，維護好習近平同志的最高權威是軍隊建設的核心政治工作。

黨領導人民軍隊在革命、建設、改革的偉大鬥爭過程中，總結出最根本的經驗是毫不動搖地堅持黨對人民軍隊的絕對領導，抓住人民軍隊這把制勝利器、戰鬥法寶。堅持黨對人民軍隊的絕對領導事關黨和國家事業的興衰成敗，事關中華民族能否實現偉大復興，是黨的政治命脈、生命線；是中國共產黨對革命經驗的深刻總結，順應時代、社會發展的潮流，符合最廣大人民的共同心願；是中國革命、建設、改革最鮮明的特徵和最根本的政治原則，是中國共產黨的優良革命傳統，也是習近平總書記再次重申堅持黨對人民軍隊絕對領導的歷史本源。

二、新時代中國特色社會主義發展的現實需要

中國特色社會主義進入新時代，習近平總書記再次強調堅持黨對軍隊的絕對領導，是黨從新形勢出發對人民軍隊重申的重大政治原則，是中華民族實現偉大復興的戰略支撐，也是在新的歷史起點上堅定不移走中國特色強軍之路、把強軍事業不斷推向前進的根本政治保證。

（一）實現中華民族偉大復興的戰略支撐

今天的世界，國際形勢正在發生前所未有的變化。今天的中國，中國特色社會主義偉大事業正在全面向前推進。

中國特色社會主義進入新時代，我們更加深刻地感受到，國家富強、民族振興、人民幸福，必須依靠一支英勇的人民軍隊。中華民族實現偉大復興，中國人民過上更加美好生活，必須加快把人民軍隊建設成為世界一流軍隊，為中華民族偉大復興奠定堅實保障。人民軍隊是保衛國家政權和社會穩定的政治基石。習近平總書記在慶祝中國人民解放軍建軍 90 周年閱兵時的講話中指出：「天下並不太平，和平需要保衛。今天，我們比歷史上任何時期都更接近中華民族偉大復興的目標，比歷史上任何時期都接近中華民族偉大復興的目標，比歷史上任何時期都更需要建設一支強大的人民軍隊。」這一論斷，深刻揭示了人民軍隊對中華民族實現偉大復興的極端重要性。

　　實現中華民族偉大復興是中華民族近代以來最偉大夢想，是廣大人民群眾的共同夙願和理想追求。對人民來說，這個夢想是強國夢，對軍隊來說，這個夢想是強軍夢。

　　我們要實現中華民族偉大復興，必須堅持黨對軍隊的絕對領導，維護習近平總書記的核心地位和最高權威，努力建設、鞏固國防和強大人民軍隊。唯有如此，我們才能在紛繁複雜的國際環境中，贏得主動、抓住機會，才能為中華民族偉大復興保駕護航。時代在呼喚著英雄的人民軍隊。習近平總書記在黨的十九大報告中強調：「建設一支聽黨指揮、能打勝仗、作風優良的人民軍隊，是實現『兩個一百年』奮鬥目標、實現中華民族偉大復興的戰略支撐。」[1]

　　歷史車輪滾滾向前，時代潮流浩浩蕩蕩。中國特色社會主義進入新時代，國際環境也發生新變化，各種勢力此起彼伏、暗流湧動。人民軍隊必須適應新的歷史環境，扎扎實實做好各戰略方向軍事鬥爭準備，統籌推進傳統安全領域和新型安全領域軍事鬥爭準備，堅決打敗一切來犯之敵，切實擔當起黨和人民賦予的新的歷史使命，為中華民族偉大復興奠定堅實基礎。

（二）中國特色社會主義事業的本質特徵和政治優勢

　　黨的十八大以來，習近平總書記創造性地提出：「黨對軍隊的絕對領導是中國特色社會主義的本質特徵，是黨和國家的重要政治優

---

1 習近平：《決勝全面建成小康社會　奪取新時代中國特色社會主義偉大勝利——在中國共產黨第十九次全國代表大會上的報告》，人民出版社 2017 年版，第 24 頁。

勢，是人民軍隊的建軍之本、強軍之魂。」[1]黨政軍民學，東西南北中，黨是領導一切的、管總的，是最高的政治領導力量，各個領域、各個方面都必須自覺堅持黨的領導。對於人民軍隊來說，堅持黨的領導就是堅持中國特色社會主義道路、理論、制度、文化，就是擁護黨在中國特色社會主義事業中的領導核心地位。

從歷史維度看，90 年來人民軍隊從小到大、由弱到強、從勝利走向勝利，最根本的原因就是始終堅持黨對人民軍隊的絕對領導，這是人民軍隊的命脈所在、根基所在和力量所在。習近平同志深刻指出：「保證黨對軍隊的絕對領導，關係我軍性質和宗旨、關係社會主義前途命運、關係黨和國家長治久安，是我軍的立軍之本和建軍之魂。」[2]

我們要銘記歷史，深刻理解習近平總書記所說：「中華民族偉大復興，絕不是輕輕鬆鬆、敲鑼打鼓就能實現的。」90 多年人民軍隊的發展史，我們黨始終牢牢抓緊人民軍隊這個戰鬥武器，以過五關斬六將、鬥志昂揚的姿態，一路篳路藍縷、披荊斬棘，取得中國革命、建設、改革的偉大勝利。

在中國特色社會主義的探索階段，毛澤東始終堅持黨對人民軍隊的絕對領導，推翻帝國主義、封建主義、官僚資本主義三座大山，奪取了新民主主義革命的偉大勝利，創立了人民當家作主的新中國，中國社會的面貌煥然一新，中華民族實現了「站起來」的偉大使命。

在中國特色社會主義的開創和推進階段，鄧小平同志始終堅持黨對人民軍隊的絕對領導，以經濟建設為中心，堅持四項基本原則，堅

1《習近平談治國理政》第 2 卷，外文出版社 2017 年版，第 416 頁。
2《習近平談治國理政》第 1 卷，外文出版社 2018 年版，第 216 頁。

持改革開放，開闢了中國特色社會主義道路，奠定了中國特色社會主義偉大事業發展的政治根基，實現了馬克思主義中國化的第二次歷史性飛躍；以江澤民和胡錦濤為代表的黨中央領導集體，繼續堅持黨對人民軍隊的絕對領導，鑄造人民軍隊的鋼鐵軍魂，為中國社會經濟發展奠定了政治保障，中華民族實現了「富起來」的偉大使命。

　　如今，中國特色社會主義進入新時代，以習近平同志為核心的黨中央牢牢堅持黨對人民軍隊的絕對領導，繼續書寫中國特色社會主義偉大事業的新篇章，統籌推進「五位一體」總體佈局、協調推進「四個全面」戰略佈局，帶領全國人民決勝全面建成小康社會，奪取新時代中國特色社會主義偉大勝利，為中華民族偉大復興而不懈奮鬥。新時代，中國日益走近世界舞臺中央，給世界上那些既希望加快發展又希望保持獨立性的國家和民族提供了全新選擇，為解決人類問題貢獻了中國智慧和中國方案，這標誌著中華民族迎來了由站起來到富起來、強起來的偉大飛躍。這一切舉世矚目的歷史性成就和根本性的變革都歸功於黨的領導，尤其是黨牢牢抓住對人民軍隊的絕對領導。

　　只要跟黨走，一定能勝利。只有牢牢堅持黨對人民軍隊的絕對領導，才能保證中國特色社會主義偉大事業得以順暢發展，才能堅定不移地走中國特色社會主義道路，才能實現中華民族偉大復興，實現由站起來到富起來、強起來的偉大歷史飛躍。在這一重大問題上我們要頭腦特別清醒，態度要特別鮮明，行動要特別堅決，要敢於亮出人民軍隊這把「伏魔」利劍，絕不能有任何模糊、質疑、動搖、否定，絕不打馬虎眼、含糊其辭。

（三）進行具有許多新的歷史特點的偉大鬥爭的重要保證

　　堅持黨對軍隊的絕對領導，是強軍興軍的根本保證。十八大以來，我們黨著眼於實現中國夢、強軍夢，制定新形勢下軍事戰略方針，全力推進國防和軍隊現代化，強軍興軍開創新局面。

　　毫不動搖堅持黨對軍隊絕對領導的根本原則和制度，確保部隊在任何時候任何情況下都堅決聽從黨中央和中央軍委指揮。在堅持黨對軍隊絕對領導這個重大原則問題上，「我們的腦子要特別清醒、眼睛要特別明亮、立場要特別堅定，絕不能有任何含糊和動搖」[1]。任何時候、任何情況下，無論時代如何發展、形勢如何變化，我們這支軍隊永遠是黨的軍隊、永遠是人民的軍隊。我們都必須牢固樹立政治意識、大局意識、核心意識、看齊意識，堅決維護和貫徹軍委主席負責制，一切行動聽從黨中央，特別是聽從習近平同志的指揮，堅決貫徹黨對軍隊絕對領導的根本原則和制度。人民軍隊堅持實行軍委主席負責制是黨對人民軍隊絕對領導的最高實現形式，在一整套軍事制度中處於核心地位。中國特色社會主義進入新時代，在習近平同志的帶領下，「國防和軍隊改革取得歷史性突破，形成軍委管總、戰區主戰、軍種主建新格局，人民軍隊組織架構和力量體系實現革命性重塑，」[2] 人民軍隊的戰鬥力、凝聚力得到極大提高。

　　堅決擁護中國共產黨的領導，我們堅決反對任何汙化、誹謗、玷

---

1 《習近平談治國理政》第 2 卷，外文出版社 2017 年版，第 20 頁。

2 習近平：《決勝全面建成小康社會 奪取新時代中國特色社會主義偉大勝利——在中國共產黨第十九次全國代表大會上的報告》，人民出版社 2017 年版，第 6 頁。

污黨的領導的言辭。一個時期以來，國內外敵對勢力和分裂勢力極力鼓吹「軍隊非黨化」「軍隊非政治化」和「軍隊國家化」等錯誤觀念，其險惡用心路人皆知，就是切斷我們黨對軍隊的絕對領導，切斷人民軍隊對我們黨和國家事業的力量保障，我們務必要高度警惕，絕不讓任何腐化軍隊的思想得到任何蔓延。習近平總書記強調，黨指揮槍是保持人民軍隊本質和宗旨的根本保障，這是我們黨在血與火的鬥爭中得出的顛撲不破的真理。自從有了中國共產黨，有了中國共產黨的堅強領導，人民軍隊前進就有方向、有定力。對此，我們必須時刻保持清醒的頭腦，更加強化黨對人民軍隊絕對領導的政治優勢，讓人民軍隊更加忠於黨和社會主義、更加忠於祖國和人民。我軍是黨領導的人民軍隊，必須牢牢掌握在黨的手中，必須做到絕對忠誠、絕對純潔、絕對可靠。我們的原則是黨指揮槍，絕不容許槍指揮黨。堅決聽黨指揮是建軍之本、強軍之魂，必須毫不動搖地堅持黨對軍隊的絕對領導。

在新的歷史條件下，進行具有新的歷史特點的偉大鬥爭，更加需要堅持黨對軍隊的絕對領導，來抵禦各種外來勢力的侵略。從國際環境來看，當前世界還處在資本主義占主導地位和統治地位的歷史時期，儘管社會主義的因素廣泛存在，但是世界社會主義運動總體上處於低谷。中國正在日益走近世界舞臺中央，不斷地為解決人類社會發展問題提供了中國方案和智慧，拓展了發展中國家走向現代化的途徑。世界經濟的發展中心正在由西方向東方轉移，新的歷史性變化挑戰西方國家中心地位，必然引起西方資本主義國家的恐懼。西方資本主義國家試圖通過各種方式的意識形態滲透，瓦解中國社會主義社會的思想堡壘。中國周邊環境也是日益複雜嚴峻，東海問題、南海問題、中印洞朗對峙事件都對我們的國家政權、社會穩定造成極大威脅。從國

內環境來看，黨的十八大以來，我們黨面臨的風險日益劇增，四大考驗和四大風險對黨的領導核心地位以及全面從嚴治黨提出了新挑戰。反腐敗鬥爭日趨常態化，一些特殊的利益團體正在腐化我們的黨內幹部，藏獨、臺獨勢力日益猖獗。這些挑戰對黨的領導、國家政權、經濟社會發展構成了極大威脅。國內外環境的巨大變化客觀上要求我們必須毫不動搖地堅持黨對人民軍隊的絕對領導，用好人民軍隊這把「伏魔」利劍，為中國特色社會主義偉大事業保駕護航，保衛中國特色社會主義這艘航船駛向共產主義的理想彼岸。

三、堅定不移走中國特色強軍之路

在新的歷史方位中，無論是在治黨治國治軍方面，還是在建軍強軍興軍方面，我們都毫不動搖地堅持黨對軍隊的絕對領導，在任何時候都緊緊圍繞在以習近平同志為核心的黨中央周圍，維護習近平同志的核心地位和權威，絕不打折扣、絕不質疑、絕不動搖。堅定不移走中國特色強軍之路，牢牢貫徹政治建軍、改革強軍、科技興軍、依法治軍思想，更加注重聚焦實戰、創新驅動、集約高效、軍民融合戰略方針，全面貫徹落實黨對人民軍隊的絕對領導。

（一）旗幟鮮明地貫徹落實習近平強軍思想

中國特色社會主義進入新時代，我們必須牢固堅持習近平新時代中國特色社會主義思想，為國防和軍隊建設提供科學指導，繼續完

善中國特色社會主義軍事制度，推進國防和軍隊建設的新的偉大戰略
工程。

我們的軍隊是人民的軍隊，我們的國防是全民的國防。牢固確立
人民軍隊的根本性地位，鞏固軍政軍民團結，完善中國特色社會主義
軍事制度，是新時代國防和軍隊建設的根本要求。黨的十九大精闢概
括習近平同志的強軍思想，為實現黨在新時代的強軍目標、把人民軍
隊全面建成世界一流軍隊提供了根本引領和科學指南。只有以科學的
理論武裝頭腦、改造思想、提高覺悟、牢鑄軍魂，才能保持人民軍隊
的根本政治定力，才能把黨對人民軍隊的絕對領導落到實處。

「為將之道，當先治心。」理想信念是中國共產黨精神上的「鈣」，
如果精神上缺「鈣」，就會得軟骨病。對於人民軍隊而言，更要牢固
確立理想信念，樹立共產主義遠大理想，真正地做到固本培元、凝魂
聚氣。崇高的理想、堅定的信念，是革命軍人的靈魂，是克敵制勝、
拒腐防變的決定性因素。在習近平新時代強軍思想的指導下，以共產
主義的理想信念來武裝人民軍隊，弘揚和踐行社會主義核心價值觀，
培育當代革命軍人核心價值觀。「著力培養有靈魂、有本事、有血性、
有品德的新一代革命軍人，鍛造鐵一般信仰、鐵一般信念、鐵一般紀
律、鐵一般擔當的過硬部隊，」[1]保證人民軍隊絕對聽黨指揮、能打勝
仗，提振當代軍人的精氣神，把理想信念的火種、紅色傳統的基因一
代代傳下去。

「令行禁止，王者之師」。黨性原則是中國共產黨根本的政治

1《習近平談治國理政》第 2 卷，外文出版社 2017 年版，第 417 頁。

品格，是人民軍隊政治工作的根本要求。人民軍隊的政治工作必須堅持黨的原則第一、黨的事業第一、人民利益第一，把愛黨、憂黨、興黨、護黨落實到軍隊工作的各個環節。要在全軍開展黨的群眾路線教育實踐活動，發揚批評與自我批評的優良革命傳統。要在全軍把好的做法發揚下來，經常性地「搖耳扯袖、紅紅臉」「抖抖灰塵、搖搖身」，構建人民軍隊山清水秀的政治生態。在人民軍隊中開展健康的思想鬥爭，推動形成是非功過分明、團結向上的好風氣，增強人民軍隊的政治性、原則性、戰鬥性，牢固確立黨對人民軍隊的絕對領導。

　　「**星星之火，可以燎原**」。政治工作是黨和軍隊的生命線。黨和人民軍隊的領導幹部要起到模範帶頭作用，確立政治工作的威信，才能更好地保障黨對人民軍隊的絕對領導。政治幹部的表率本身就是最好的政治工作，羅榮桓同志曾經回憶說：在行軍的時候，「黨代表走在後邊，替士兵背槍和士兵同甘共苦。士兵對黨代表是擁護的。如果下個命令，沒有黨代表的署名，士兵對這個命令就要懷疑的」[1]。中國特色社會主義進入新時代，黨內外形勢發展變化了，政治工作的方法、手段多了，但是領導幹部模範帶頭的革命傳統絕沒有過時。堅持黨對人民軍隊的絕對領導，必須落實好政治工作的威信，從領導帶頭抓起，引導各級政治幹部把真理力量和人格力量統一起來。堅持求真務實，堅持公道正派，堅持實事求是，讓領導幹部表率的火苗在軍隊中形成燎原之勢。

1《羅榮桓軍事文選》，解放軍出版社 1997 年版，第 551 頁。

（二）毫不動搖地走中國特色的強軍之路

全面實施科技興軍和改革強軍戰略是實現中華民族強軍夢的時代要求，也是新時代中國特色社會主義強軍興軍的必由之路，也是決定人民軍隊未來發展的關鍵一招。要深入貫徹黨在新時代的強軍興軍目標，動員全軍和各方面的力量，堅定信心、凝聚意志、統一思想、統一行動，堅定不移走新時代中國特色社會主義的強軍之路，樹立科技興軍、政治強軍思想，全面實施改革強軍戰略。

在黨的領導下，90 多年的戰鬥歷程中，人民軍隊從小到大、從弱到強、從勝利走向勝利，一路走來，與時俱進，改革創新步伐從來沒有停過。我軍之所以越來越強大，同黨牢牢抓住人民軍隊領導權密不可分。現在，我國進入由大向強發展的關鍵階段，國防和軍隊建設處在新的歷史起點上，放眼世界、縱觀全域、審時度勢，應對國際形勢深刻複雜變化，堅持和發展中國特色社會主義偉大事業，統籌推進「五位一體」總體佈局，協調推進「四個全面」戰略佈局，貫徹落實強軍目標和軍事戰略方針，履行好軍隊使命任務，都要求我們以更大的使命和勇氣深化國防和軍隊改革。習近平同志指出：「要著眼於搶佔未來軍事競爭戰略制高點，充分發揮創新驅動發展作用，培育戰鬥力新的增長點。」[1]

要不斷加強國防建設，開發軍事人力資源，培養軍隊高科技人員，開拓國防科技發展新格局。國防科技發展是具有基礎性、引領性

---

[1]《習近平談治國理政》第 2 卷，外文出版社 2017 年版，第 409 頁。

的戰略工程，必須選准突破口，全面佈局，同時發力，加強前瞻性、先導性、探索性的重大技術突破，謀取軍事技術競爭優勢，提高人民軍隊的戰鬥力、創新力。要努力建設一支革命化、現代化、正規化的人民軍隊，不斷提高軍隊的戰鬥力，深化「精兵、利器、合成、高效」建軍原則。

軍隊是用來打仗的，一切工作都必須堅持戰鬥力標準，向能打仗、打勝仗聚焦。推進新時代強軍事業，必須加強政治強軍，要深入貫徹古田全軍政治工作會議精神，發揮政治工作生命線作用，注重聚焦實戰、集約高效的戰略，培養有靈魂、有本事、有血性、有品德的新時代革命軍人，永葆人民軍隊的性質、宗旨、本質，鍛造召之即來、來之能戰、戰之必勝的精兵勁旅，提高人民軍隊的凝聚力、戰鬥力。習近平同志擲地有聲地向世界宣告：「我們絕不允許任何人、任何組織、任何政黨、在任何時候、以任何形式、把任何一塊中國領土從中國分裂出去，誰都不要指望我們會吞下損害我國主權、安全、發展利益的苦果。」[1]

要正確認識和全面把握習近平新時代國防和軍隊建設的總要求，深入貫徹黨的十九大精神，以馬克思列寧主義、毛澤東思想、鄧小平理論、「三個代表」重要思想、科學發展觀、習近平新時代中國特色社會主義思想為指導，按照「五位一體」總體佈局和「四個全面」戰略佈局，貫徹習近平新時代強軍思想和軍事戰略，全面實施科技興軍、改革強軍戰略，著力解決制約國防和軍隊建設中的體制性障礙、

1《習近平談治國理政》第 2 卷，外文出版社 2017 年版，第 417 頁。

結構性矛盾、政策性問題，推進軍隊組織形態現代化，進一步解放和發展人民軍隊的戰鬥力，進一步解放和發展人民軍隊的活力，建設同我國地位相稱、同國家安全和發展利益相適應的強大軍隊，走中國特色社會主義的強軍之路，才能實現新時代富國和強軍的偉大使命。

（三）堅定不移地走中國特色軍民融合的新路子

軍民融合戰略是黨領導人民軍隊奮鬥過程中的經驗總結，是團結、鞏固軍政軍民關係的重要策略。在新的歷史起點上，必須立足世情國情軍情，走出一條中國特色軍民融合的新路子，實施全面從嚴治軍原則，凝聚人民軍隊的向心力，構建一體化的國家戰略體系和能力，把軍民融合的發展策略貫徹落實到國防建設和軍隊建設之中，鍛造新時代鋼鐵般的英雄軍隊。

習近平總書記指出：「把軍民融合發展上升為國家戰略，是我們長期探索經濟建設和國防建設協調發展規律的重大成果，是從國家發展和安全全域出發做出的重大決策，是應對複雜安全威脅、贏得國家戰略優勢的重大舉措。」[1]我國是人民民主專政的社會主義國家，要發揮好我國社會主義制度集中力量辦大事的政治優勢，「堅持國家主導和市場運作相統一，綜合運用規劃引導、體制創新、政策扶持、法制保障以及市場化等手段，最大程度凝聚軍民融合發展合力，發揮好軍民融合對國防建設和經濟社會發展的雙向支撐拉動作用，實現經濟建

---

1 《習近平談治國理政》第 2 卷，外文出版社 2017 年版，第 412 頁。

設和國防建設綜合效益最大化」[1]，加快形成新時代軍隊發展新格局。還要善於運用法治的思維來推動軍民融合深度發展，發揮好法律法規的規範、引領作用，堅決拆壁壘、破堅冰、去門檻，構建新型軍民融合的制度環境，從根本上提升人民軍隊的戰鬥力、凝聚力、號召力，實現新時代強軍興軍的歷史使命。

中國共產黨執政的最大優勢就是密切聯繫群眾，馬克思主義政黨執政的根本宗旨在於全心全意為人民服務。鑄造新時代軍民融合新格局，體現了中國共產黨執政為民、以人為本的執政理念。推進新時代強軍事業，必須堅持全心全意為人民服務的根本宗旨，始終做人民信賴、人民擁護、人民熱愛的子弟兵。人民軍隊革命鬥爭的歷史，證明了軍隊打勝仗，人民是靠山這個道理。「人民軍隊的根脈，深紮在人民的深厚大地；人民戰爭的偉力，來源於人民的偉大力量」[2]。人民軍隊的根本性質就是服務人民，奉獻社會，全軍一定要把人民放在心中，一切以人民為中心，遵循人民至上的思想原則，牢記為人民扛槍、為人民打仗的神聖職責和使命，堅決保衛人民和平勞動和幸福生活。「人民軍隊要發揚密切聯繫群眾的優良傳統，保持同人民群眾水乳交融、生死與共的關係，永遠做人民利益的捍衛者」[3]。

在新的歷史起點上，必須深化軍隊改革，更加注重全面從嚴治軍、依法治軍，發展中國特色社會主義軍事制度，鞏固黨對人民軍隊的絕對領導。要加強全面從嚴治軍，增強全軍法治意識、紀律意識、

1 《習近平談治國理政》第 2 卷，外文出版社 2017 年版，第 413 頁。

2 《習近平談治國理政》第 2 卷，外文出版社 2017 年版，第 418 頁。

3 《習近平談治國理政》第 2 卷，外文出版社 2017 年版，第 418 － 419 頁。

政治意識，加快構建中國特色軍事法治體系，加快實現治軍方式根本性轉變，淨化人民軍隊的政治生態，提高人民軍隊的戰鬥力、凝聚力、向心力。

中國特色社會主義進入新時代，我們要不忘初心，牢記使命，高舉中國特色社會主義偉大旗幟，全面貫徹習近平新時代強軍思想，堅定不移走中國特色強軍之路，堅持黨對人民軍隊的絕對領導，堅定不移實施政治建軍、改革強軍、科技興軍、依法治軍的戰略，實現全軍政治生態重塑、組織形態重塑、力量體系重塑、作風形象重塑，全面推進國防和軍隊現代化。時代呼喚使命，時代呼籲擔當。我們黨要以只爭朝夕的精神狀態，繼續勠力同心、砥礪前行，為實現黨在新時代的強軍目標、建設世界一流軍隊而不懈奮鬥。

堅持「一國兩制」和推進祖國統一

　　堅持「一國兩制」和推進祖國統一。保持香港、澳門長期繁榮穩定，實現祖國完全統一，是實現中華民族偉大復興的必然要求。必須把維護中央對香港、澳門特別行政區全面管治權和保障特別行政區高度自治權有機結合起來，確保「一國兩制」方針不會變、不動搖，確保「一國兩制」實踐不變形、不走樣。必須堅持一個中國原則，堅持「九二共識」，推動兩岸關係和平發展，深化兩岸經濟合作和文化往來，推動兩岸同胞共同反對一切分裂國家的活動，共同為實現中華民族偉大復興而奮鬥。

一、實現祖國完全統一的偉大戰略思想

　　幾代中國共產黨人為此花費大量心血，進行了長期的努力鬥爭，在紛繁複雜的國際國內局勢中，始終保持堅定的原則性和高度的靈活性，隨形勢變化不斷調整決策部署，形成了「一國兩制」的戰略構想

和制度安排，成功恢復行使對香港、澳門的主權，香港、澳門回歸祖國並在回歸後繼續保持繁榮穩定。歷史實踐表明，「一國兩制」是實現祖國完全統一的偉大戰略思想和成功方案。

（一）「一國兩制」的思想淵源

「一國兩制」的偉大構想，可以追溯到毛澤東、周恩來等黨的第一代領導集體和平統一祖國的構想。

新中國成立前夕，中共中央和毛澤東從港澳臺的現實出發，一方面堅持民族獨立和國家統一的根本立場，堅決要求取消帝國主義在華特權，實現中華民族的獨立解放，另一方面採取靈活機動的鬥爭方式，根據港澳臺問題的性質和情況，實行區別對待、分別處理的政策，用戰爭方式解決內戰失敗留在大陸和臺灣的國民黨殘敵，用和平方式解決帝國主義遺留下的香港和澳門問題。

1949 年，中國人民解放軍勢如破竹，兵臨當時仍是英國殖民地的香港對岸，卻最終飲馬深圳河，沒有進軍香港。這與毛澤東採用和平過渡方式解決香港、澳門問題的戰略考慮有關。當時，毛澤東已經認識到，在解決領土解放的問題上，「大陸上的事情比較好辦，把軍隊開去就行了，海島上的事就比較複雜，需要採取另一種較靈活的方式去解決，或者採取和平過渡的方式，花較多的時間。」[1]毛澤東還考慮到利用香港、澳門的原來地位，特別是香港，來發展海外關係和進出

1　逄先知，金沖及：《毛澤東傳（1949-1976）》，中央文獻出版社 1996 年版，第 911 頁。

口貿易。應該看到,毛澤東這一考慮是適應當時形勢的明智選擇。中國暫時不收回香港,可以避免與英國的直接衝突,有利於分化瓦解資本主義陣營對我國的孤立和封鎖,拓展發展海外關係的更多渠道。同時,保留香港作為進出口貿易的窗口,便利新中國與資本主義國家的經濟往來,為社會主義建設吸取外部資金和發達國家先進的技術和管理經驗提供交流通道。

中共中央和毛澤東「暫時不動香港」的政策在新中國成立後得到了進一步明確和長期的堅持。周恩來就香港問題同工商界人士有過專門的講話,「我們不能把香港看成內地,對香港的政策同對內地是不一樣的,如果照抄,結果一定搞不好。」「香港按資本主義制度辦事才能存在和發展,這對我們是有利的。」「要進行社會主義建設,香港可以作為我們同國外進行經濟聯繫的基地,可以通過它吸收外資,爭取外匯」。[1]中共中央從 20 世紀 60 年代開始,明確提出對香港「長期打算,充分利用」的方針,通過內地向香港供應淡水、生活必需品和生產原料等措施,有力地保障了香港的繁榮穩定。

與此同時,新中國同妄圖插手港澳問題、將港澳問題國際化的國際勢力進行了堅決的鬥爭。中國政府多次聲明:香港、澳門是屬於歷史上遺留下來的帝國主義強加於中國的一系列不平等條約的結果。香港、澳門是中國領土的一部分。解決香港、澳門問題完全屬於中國主權範圍內的問題。對於香港、澳門問題,中國政府一貫主張,在條件成熟的時候,經過談判和平解決,在未解決之前維持現狀。

---

1 周恩來:《周恩來統一戰線文選》,人民出版社 1984 年版,第 353-355 頁。

　　到了 20 世紀 70 年代，國際局勢發生變化，中國恢復在聯合國的合法席位，中美關係改善，中英關係也得到極大發展。中英雙方就香港在 1997 年實現平穩交接達成一致意見，明確了香港回歸祖國的具體時間和方式。中共中央和毛澤東關於和平統一祖國的構想在香港問題上獲得了成功，成為「一國兩制」構想的重要思想來源。

　　堅持一個中國的原則，採用靈活機動的解決方式，這是毛澤東、周恩來等第一代領導集體實現祖國統一的指導思想。在解決香港、澳門問題上如此，在解決臺灣問題上，也是如此。

　　武力解放臺灣，是中共中央和毛澤東在解放戰爭後期就已做出的決策，是「打倒蔣介石，解放全中國」的既定任務之一。中國人民解放軍從 1949 年開始積極準備軍事攻臺。然而，隨著 1950 年朝鮮戰爭爆發，美國海軍第七艦隊入侵我國臺灣海峽，美國空軍第十三航空隊進駐臺灣島，阻礙了人民解放軍解放臺灣的步伐。解放臺灣被迫延遲了。

　　到了 50 年代中期，國際局勢趨於緩和，海峽兩岸劍拔弩張的緊張關係開始降溫。毛澤東、周恩來等第一代領導集體開始考慮和平解放臺灣的可能性。1955 年，周恩來在萬隆會議上闡述了中國政府的對臺政策：「中國人民解放臺灣有兩種可能，即戰爭方式和和平方式，中國人民願意在可能的條件下，爭取用和平方式解放臺灣。」1956 年之後，毛澤東先後提出「用和平談判的方式使臺灣重回祖國懷抱」「第三次國共合作」「和為貴」「愛國一家」「愛國不分先後」等一系列主張，再次明確了和平解放臺灣的戰略考慮，初步形成了在統一的中華人民共和國內實行兩種社會制度的構想。與此同時，中國政府一方面同美國政府就臺灣問題開展大使級會談，另一方面向臺灣方面提出

和談倡議，向對岸傳遞出和平解決臺灣問題的設想，包括：省親會友，來去自由；既往不咎，立功受獎；國共合作，愛國一家；和平解放，互不破壞；留蔣軍隊，由蔣治臺，等等。

從「武力解放臺灣」到「和平解放臺灣」的決策轉變，體現出中國共產黨第一代領導集體在臺灣問題上審時度勢、靈活機動的務實態度，這一決策轉變對國民黨方面產生了重大影響，推動了兩岸關係的發展。

值得注意的是，中共中央和毛澤東堅持一個中國的原則、和平解決臺灣問題的方針有力地挫敗了美國將中國分而治之的陰謀。1958年，美國企圖迫使蔣介石撤出金門、馬祖，意圖劃峽而治、分割中國。蔣介石頂住美國人的壓力，堅持不撤。毛澤東注意到蔣介石「一個中國」的意識，發現了蔣介石方面與美國的矛盾，決定炮擊金門，以炮火支援蔣介石守好金門，實施「一個中國」原則下的「聯蔣抗美」政策，將臺灣問題保持在一個國家內部問題的範圍以內，遏制了美國分裂中國的企圖。[1] 除此之外，中國政府向美國煽動扶持的「臺灣獨立」勢力進行了堅決的回擊，嚴厲批駁「臺灣地位未定」「臺灣自治」等「臺獨」謬論。

隨著局勢的發展，中共中央和平解決臺灣問題的方針不斷調整完善。在60年代，毛澤東提出，逐步創造條件以待時機成熟，留交下一代去完成解放臺灣的任務。毛澤東此後不斷充實對臺工作的具體意見，這些意見由周恩來歸納為「一綱四目」：「一綱」是指，只要臺灣回

---

1 李家泉：〈中共三代領導人對統一中國的戰略思考〉，載《中共黨史研究》2000年第2期，第16-20頁。

歸祖國，其他一切問題悉尊重蔣介石與陳誠的意見妥善處理。「四目」
包括：一、臺灣回歸祖國後，除外交必須統一於中央外，所有軍政大
權、人事安排等悉由蔣介石與陳誠全權處理；二、臺灣所有軍政及建
設費用不足之數，悉由中央撥付；三、臺灣之社會改革可以從緩，必
俟條件成熟並尊重蔣介石與陳誠意見協商決定然後進行；四、雙方互
約不派特務，不做破壞對方團結之事。[1]「一綱四目」進一步充實了毛
澤東、周恩來等提出的在一個國家內實行兩種社會制度的構想，細化
了和平解決臺灣問題的操作方案。不難看出，這些構想和方案已經包
含了「一國兩制」構想的精神實質和主要內容。在這一構想的指導下，
中共中央的對臺方針逐步由「解放臺灣」向「和平統一」的方向轉變，
為「一國兩制」科學構想的提出奠定了思想基礎。

（二）「一國兩制」的科學構想

　　中國共產黨第十一屆三中全會之後，以鄧小平為核心的中國共
產黨第二代領導集體繼承和發展了第一代領導集體和平統一祖國的構
想，創造性地提出了「和平統一、一國兩制」的構想。
　　「和平統一、一國兩制」的構想是為解決臺灣問題提出的。中美
兩國建交談判促成了鄧小平「一國兩制」思想的提出。鄧小平在 1978
年提出，在解決臺灣問題時尊重臺灣的現實，不動臺灣的某些制度和
美日在島內的投資，不動臺灣的生活方式。但是要統一。1979 年，鄧

---

1 張春英：〈中共中央和毛澤東關於解決臺灣問題的重大決策之研究〉，載《黨的文
　獻》2004 年第 2 期，第 42-48 頁。

小平在談話中進一步明確了「一國兩制」的思想：「我們提出臺灣回歸祖國、實現祖國統一的目標。實現這個目標，要從現實情況出發，對臺灣，我們的條件是很簡單的，臺灣的制度不變，生活方式不變，臺灣與外國的民間關係不變，包括外國在臺灣的投資、民間交往照舊。臺灣作為一個地方政府，可以擁有自己的自衛力量，軍事力量。條件只有一條，臺灣要作為中國不可分的一部分。它作為中國的一個地方政府，擁有充分的自治權。」鄧小平後來的一系列講話進一步明確和豐富了「一國兩制」的構想。

　　1981 年，時任全國人大常委會委員長葉劍英發表了中國政府關於和平統一祖國的九條方針，指出：「國家實現統一後，臺灣可作為特別行政區，享有高度的自治權，並可保留軍隊。」「臺灣現行社會、經濟制度不變，生活方式不變，同外國的經濟、文化關係不變。私人財產、房屋、土地、企業所有權、合法繼承權和外國投資不受侵犯。」[1]這已經明確表述了「一國兩制」的基本內容。鄧小平後來進一步闡述了中國政府的上述方針，「一個國家、兩種制度」，在中華人民共和國內，大陸實行社會主義制度，香港、臺灣實行資本主義制度。「十億人口大陸的社會主義制度是不會改變的，永遠不會改變。但是，根據香港和臺灣的歷史和實際情況，不保證香港和臺灣繼續實行資本主義制度，就不能保持它們的繁榮和穩定，也不能和平解決祖國統一問題。」[2]

---

1 葉劍英：〈關於臺灣回歸祖國實現和平統一的方針政策〉，《人民日報》1981 年 10 月 1 日第 1 版。
2 《鄧小平文選》第 3 卷，人民出版社 1993 年版，第 67 頁。

　　由於香港、澳門問題逐漸被提上議事日程，針對臺灣問題而提出的「一國兩制」構想被用於解決更為迫切的香港、澳門問題。1982年，鄧小平在與英國首相撒切爾夫人的談話中，表達了中國政府解決香港問題的原則：「中國政府準備用在解決臺灣問題時提出的辦法解決香港問題。收回香港後，香港仍將是資本主義，現行的許多適合的制度要保留」。1984年，鄧小平對外界第一次公開使用了「一個中國、兩種制度」的提法：「我們提出的大陸與臺灣統一的方式是合情合理的。統一後，臺灣仍搞它的資本主義，大陸搞社會主義，但是是一個統一的中國。一個中國，兩種制度。香港問題也是這樣，一個中國，兩種制度」。在之後解決香港、澳門問題的實踐中，中央政府提出「港人治港」「澳人治澳」「高度自治」等具體原則，香港、澳門先後制定特別行政區基本法。這些決策的實施逐步使「一國兩制」構想落實為切實可行的政策方案，最終實現了香港、澳門的回歸並在回歸後繼續保持了繁榮穩定。

　　鄧小平等第二代領導集體繼承和發展了第一代領導集體和平統一祖國的構想。正是因為堅持了「一個中國」原則性與統一方式靈活性的緊密結合，「一國兩制」構想的實施，成功地將港澳臺問題所涉及的對抗性的敵我矛盾轉化為一個中國框架內的人民內部矛盾，合情合理地解決了香港、澳門問題，為臺灣問題的解決昭示了光明的前景。

1《鄧小平文選》第3卷，人民出版社1993年版，第49頁。

（三）「一國兩制」的方針政策

經過幾代中國共產黨人的努力，和平統一祖國的構想最終凝聚為「一國兩制」的方針政策，通過憲法和特別行政區基本法實現法律化制度化，取得了香港、澳門回歸祖國的成功實踐。2014 年，國務院新聞辦發佈《「一國兩制」在香港特別行政區的實踐》白皮書，全面回顧和梳理了「一國兩制」的方針政策及其在香港特別行政區的實踐。

1982 年，「一國兩制」被寫進憲法。《中華人民共和國憲法》第三十一條規定：國家在必要時得設立特別行政區。在特別行政區內實行的制度按照具體情況由全國人民代表大會以法律規定。1983 年，中國政府提出解決香港問題的十二條基本方針政策：一、中國政府決定於 1997 年 7 月 1 日對香港地區恢復行使主權。二、恢復行使主權後，根據憲法第三十一條規定，在香港設立特別行政區，直轄於中央人民政府，享有高度自治權。三、特別行政區享有立法權，有獨立的司法權和終審權。現行的法律、法令、條例基本不變。四、特別行政區政府由當地人組成。主要官員在當地通過選舉或協商產生，由中央人民政府委任。原香港政府各部門的公務、警務人員可予留任。特別行政區各機構也可聘請英國及其他外籍人士擔任顧問。五、現行的社會、經濟制度不變，生活方式不變.保障言論、出版、集會、結社、旅行、遷徙、通信自由和宗教信仰自由。私人財產、企業所有權、合法繼承權以及外來投資均受法律保護。六、香港特別行政區仍為自由港和獨立關稅地區。七、保持金融中心地位，繼續開放外匯、黃金、證券、期貨等市場，資金進出自由，港幣照常流通，自由兌換。八、特別行政區財政保持獨立。九、特別行政區可同英國建立互惠經濟關係。英國在

香港的經濟利益將得到照顧。十、特別行政區可以「中國香港」的名義，單獨地同世界各國、各地區以及有關國際組織保持和發展經濟、文化關係，簽訂協定。特別行政區政府可自行簽發出入香港的旅行證件。十一、特別行政區的社會治安由特別行政區政府負責。十二、上述方針政策，由全國人民代表大會以香港特別行政區基本法規定之，50 年不變。[1]

1990 年，全國人大通過《中華人民共和國香港特別行政區基本法》，規定了在香港特別行政區實行的制度和政策，是「一國兩制」方針政策的法律化、制度化，為「一國兩制」在香港特別行政區的實踐提供了法律保障。1997 年 7 月 1 日，中國政府對香港恢復行使主權，香港特別行政區成立，基本法開始實施。兩年之後，1999 年 12 月 20 日，中國政府對澳門恢復行使主權，澳門特別行政區成立，基本法開始實施。「一國兩制」的方針政策在實踐中順利實施。

2017 年 7 月 1 日，香港回歸祖國 20 周年，習近平總書記出席慶祝香港回歸祖國 20 周年大會暨香港特別行政區第五屆政府就職典禮並發表重要講話，再次闡述了「一國兩制」方針政策的核心要義。習近平指出，「一國兩制」是中國的一個偉大創舉。在統一的國家之內，國家主體實行社會主義制度，個別地區依法實行資本主義制度，這在過往的人類政治實踐中還從未有過。「一國兩制」是中國為國際社會解決類似問題提供的一個新思路新方案，是中華民族為世界和平與發展做出的新貢獻，凝結了海納百川、有容乃大的中國智慧。前人用超

---

1 中華人民共和國國務院新聞辦公室：《「一國兩制」在香港特別行政區的實踐》，人民出版社 2014 年版。

凡的勇氣探索和突破，後人要以堅定的信念實踐和發展。中央政府將全面貫徹「一國兩制」「港人治港」「澳人治澳」、高度自治的方針，嚴格按照憲法和基本法辦事，支持行政長官和特別行政區政府依法施政、履行職責，支持香港、澳門發展經濟、改善民生、推進民主、促進和諧。[1]

　　黨的十九大報告將「堅持『一國兩制』和推進祖國統一」作為新時代中國特色社會主義基本方略之一。習近平總書記指出，保持香港、澳門長期繁榮穩定，必須全面準確貫徹「一國兩制」「港人治港」「澳人治澳」高度自治的方針，嚴格依照憲法和基本法辦事，完善與基本法實施相關的制度和機制。要支持特別行政區政府和行政長官依法施政、積極作為，團結帶領香港、澳門各界人士齊心協力謀發展、促和諧，保障和改善民生，有序推進民主，維護社會穩定，履行維護國家主權、安全、發展利益的憲制責任。習近平總書記再次強調，解決臺灣問題、實現祖國完全統一，是全體中華兒女共同願望，是中華民族根本利益所在。必須繼續堅持「和平統一、一國兩制」方針，推動兩岸關係和平發展，推進祖國和平統一進程。[2]習近平總書記有關「一國兩制」的重要論述為新時代堅持「一國兩制」，推進祖國統一提供了根本遵循，是新時代港澳臺工作必須長期加以貫徹落實的重要指導方針。

---

1 習近平：〈在慶祝香港回歸祖國 20 周年大會暨香港特別行政區第五屆政府就職典禮上的講話〉，《人民日報》2017 年 7 月 2 日第 2 版。

2 習近平：〈決勝全面建成小康社會 奪取新時代中國特色社會主義偉大勝利〉，《人民日報》2017 年 10 月 28 日第 1-5 版。

二、「一國兩制」實踐取得舉世公認的成功

習近平總書記多次強調，香港、澳門回歸祖國以來，「一國兩制」實踐取得舉世公認的成功。事實證明，「一國兩制」是解決歷史遺留的香港、澳門問題的最佳方案，也是香港、澳門回歸後保持長期繁榮穩定的最佳制度。

（一）解決香港、澳門問題的最佳方案

20 世紀 80 年代初，為實現國家和平統一，鄧小平創造性地提出了「一國兩制」的科學構想，並首先用於解決香港問題。以此為指引，中英兩國政府經過 22 輪談判後，於 1984 年在北京正式簽署《中華人民共和國政府和大不列顛及北愛爾蘭聯合王國政府關於香港問題的聯合聲明》，確認中華人民共和國政府於 1997 年 7 月 1 日對香港恢復行使主權。從此，香港進入回歸祖國前的過渡期。在 13 年的過渡期內，中國政府堅定不移地遵循「一國兩制」方針政策，緊緊依靠香港同胞，堅決排除各種干擾，有條不紊地推進對香港恢復行使主權的各項準備工作。1985 年 4 月 10 日，第六屆全國人大第三次會議決定成立中華人民共和國香港特別行政區基本法起草委員會，負責起草香港基本法。同年 7 月起草委員會開始工作，1990 年 2 月完成起草任務，歷時四年零八個月。1990 年 4 月 4 日，第七屆全國人大第三次會議通過《中華人民共和國香港特別行政區基本法》，同時作出設立香港特別行政區

的決定。1993 年 7 月，全國人大常委會設立香港特別行政區籌備委員會預備工作委員會（預委會）；1996 年 1 月，全國人民代表大會香港特別行政區籌備委員會（籌委會）成立。預委會和籌委會為實現香港平穩過渡和政權順利交接做了大量工作。1997 年 7 月 1 日，中國政府對香港恢復行使主權，香港特別行政區成立，基本法開始實施，特別行政區制度在香港成功確立。[1]

「一國兩制」在解決澳門問題上同樣取得了成功，澳門順利回歸祖國。1985 年中葡兩國經過協商，認為解決澳門問題的時機已經成熟。1986 年中葡兩國政府就澳門問題開始談判。1987 年中葡雙方簽署聯合聲明，明確規定，中國政府將於 1999 年 12 月 20 日恢復對澳門行使主權，葡萄牙共和國政府將於 1999 年 12 月 20 日將澳門交還給中國政府。與香港回歸過渡期的準備工作類似，1988 年，澳門基本法起草工作開始。1998 年 5 月 5 日，澳門特別行政區籌委會成立，澳門回歸祖國工作進入實質性階段。在過渡期，中葡雙方妥善處理澳門政府公務員當地語系化、法律當地語系化和中文官方地位等問題，為澳門政治制度與基本法規定的政制的銜接、政權的平穩過渡及長期發展做充分準備。1999 年 12 月 19 日，中葡澳門政權交接儀式在澳門文化中心隆重舉行。12 月 20 日，中華人民共和國澳門特別行政區政府成立，澳門回到祖國懷抱。

香港、澳門順利回歸祖國。中國政府在沒有發生武裝衝突的情況下，經過談判協商，解決了帝國主義強加於中國人民的歷史遺留問題。

---

1 中華人民共和國國務院新聞辦公室：《「一國兩制」在香港特別行政區的實踐》，人民出版社 2014 年版。

在當時的歷史條件下，「一國兩制」的科學構想無疑是解決歷史遺留問題的最佳方案。

（二）香港、澳門回歸後保持長期繁榮穩定的最佳制度

習近平在慶祝香港回歸祖國 20 周年大會的講話中高度評價了香港特別行政區的成長歷程。習近平指出，「我們可以自豪地說，20 年來，香港依託祖國、面向世界、益以新創，不斷塑造自己的現代化風貌，『一國兩制』在香港的實踐取得了舉世公認的成功」。「回到祖國懷抱的香港已經融入中華民族偉大復興的壯闊征程。作為直轄於中央政府的一個特別行政區，香港從回歸之日起，重新納入國家治理體系。中央政府依照憲法和香港特別行政區基本法對香港實行管治，與之相應的特別行政區制度和體制得以確立。香港同祖國內地的聯繫越來越緊密，交流合作越來越深化。香港各界人士積極投身國家改革開放和現代化建設，作出獨特而重要的貢獻。香港同胞對國家發展和民族復興的信心不斷增強，同內地人民共用偉大祖國的尊嚴和榮耀」。「回到祖國懷抱的香港繼續保持繁榮穩定。回歸後，香港自身特色和優勢得以保持，中西合璧的風采浪漫依然，活力之都的魅力更勝往昔。在『一國兩制』之下，香港原有資本主義制度和生活方式保持不變，法律基本不變。香港同胞當家作主，自行管理特別行政區自治範圍內事務，香港居民享有比歷史上任何時候都更廣泛的民主權利和自由。香港抵禦了亞洲金融危機、非典疫情、國際金融危機的衝擊，鞏固了國際金融、航運、貿易中心地位，繼續被眾多國際機構評選為全球最自由經濟體和最具競爭力的地區之一。香港各項事業取得長足進步，對

外交往日益活躍，國際影響進一步擴大」。「實踐充分證明，『一國兩制』是歷史遺留的香港問題的最佳解決方案，也是香港回歸後保持長期繁榮穩定的最佳制度安排，是行得通、辦得到、得人心的」。[1]

　　在黨的十九大報告中，習近平總書記對港澳臺工作給予充分肯定。報告指出，黨的十八大以來，港澳臺工作取得新進展。全面準確貫徹「一國兩制」方針，牢牢掌握憲法和基本法賦予的中央對香港、澳門全面管治權，深化內地和港澳地區交流合作，保持香港、澳門繁榮穩定。堅持一個中國原則和「九二共識」，推動兩岸關係和平發展，加強兩岸經濟文化交流合作，實現兩岸領導人歷史性會晤。妥善應對臺灣局勢變化，堅決反對和遏制「臺獨」分裂勢力，有力維護臺海和平穩定。[2]

（三）全面準確理解「一國兩制」方針政策

　　全面準確理解和貫徹「一國兩制」方針政策，就是要把堅持一國原則和尊重兩制差異、維護中央權力和保障特別行政區高度自治權、發揮祖國內地堅強後盾作用和提高香港、澳門自身競爭力有機結合起來，任何時候都不能偏廢。[3]

1　習近平：〈在慶祝香港回歸祖國 20 周年大會暨香港特別行政區第五屆政府就職典禮上的講話〉，《人民日報》2017 年 7 月 2 日第 2 版。
2　習近平：〈決勝全面建成小康社會　奪取新時代中國特色社會主義偉大勝利〉，《人民日報》2017 年 10 月 28 日第 1-5 版。
3　中華人民共和國國務院新聞辦公室：〈「一國兩制」在香港特別行政區的實踐〉，人民出版社 2014 年版。

　　全面準確把握「一國兩制」的含義。「一國兩制」是一個完整的概念。「一國」是指在中華人民共和國內，香港、澳門特別行政區是國家不可分離的部分，是直轄於中央人民政府的地方行政區域。堅持一國原則，最根本的是要維護國家主權、安全和發展利益，尊重國家實行的根本制度以及其他制度和原則。「兩制」是指在「一國」之內，國家主體實行社會主義制度，臺灣、香港、澳門等某些區域實行資本主義制度。「一國」是實行「兩制」的前提和基礎，「兩制」從屬和派生於「一國」，並統一於「一國」之內。「一國」之內的「兩制」並非等量齊觀，國家的主體必須實行社會主義制度，是不會改變的。在這個前提下，從實際出發，充分照顧到臺灣、香港、澳門等某些區域的歷史和現實情況，允許其保持資本主義制度長期不變。在「一國」之內，「兩種制度」只有相互尊重，相互借鑒，才能和諧並存，共同發展。[1]

　　堅決維護憲法和特別行政區基本法的權威。憲法和特別行政區基本法共同構成特別行政區的憲制基礎。憲法作為國家的根本法，在包括香港、澳門特別行政區在內的中華人民共和國領土範圍內具有最高法律地位和最高法律效力。特別行政區基本法是根據憲法制定的、規定香港、澳門特別行政區制度的基本法律，在特別行政區具有憲制性法律地位。特別行政區的制度和政策均以基本法的規定為依據；特別行政區立法機關制定的任何法律，均不得同基本法相抵觸。必須尊重和維護全國人大及其常委會對香港基本法的修改權和解釋權。基本法

---

1 中華人民共和國國務院新聞辦公室：〈「一國兩制」在香港特別行政區的實踐〉，人民出版社 2014 年版。

的解釋權屬於全國人民代表大會常務委員會，修改權屬於全國人民代表大會。全國人大常委會依法行使基本法解釋權是維護「一國兩制」和特別行政區法治的應有之義，既是對特別行政區執行基本法的監督，也是對特別行政區實行高度自治的保障。[1]

一個中國原則是兩岸關係的政治基礎。一個中國原則是中國政府對臺政策的基石。「和平統一、一國兩制」基本方針的要點是：爭取和平統一，但是不承諾放棄使用武力；積極推動兩岸人員往來和經濟、文化等各項交流，早日實現兩岸直接通郵、通航、通商；通過和平談判實現統一，在一個中國原則下什麼都可以談；統一後實行「一國兩制」，中國的主體（中國大陸）堅持社會主義制度，臺灣保持原有的資本主義制度長期不變；統一後臺灣實行高度自治，中央政府不派軍隊和行政人員駐臺；解決臺灣問題是中國的內政，應由中國人自己解決，不需借助外國力量。上述方針和政策，貫徹了堅持一個中國原則的基本立場和精神，也充分尊重了臺灣同胞當家作主、管理臺灣的願望。中國政府主張兩岸談判最終目的是實現和平統一；主張以一個中國原則為談判基礎，是為了保證實現談判的目的。[2]2005年，第十屆全國人大三次會議通過《反分裂國家法》，將「一個中國」原則寫進法律：世界上只有一個中國，大陸和臺灣同屬一個中國，中國的主權和領土完整不容分割。維護國家主權和領土完整是包括臺灣同胞在

---

1 中華人民共和國國務院新聞辦公室：《「一國兩制」在香港特別行政區的實踐》，人民出版社2014年版。

2 中華人民共和國國務院臺灣事務辦公室，國務院新聞辦公室：《一個中國的原則與臺灣問題》，人民出版社2000年版。

內的全中國人民的共同義務。臺灣是中國的一部分。國家絕不允許「臺獨」分裂勢力以任何名義、任何方式把臺灣從中國分裂出去。解決臺灣問題，實現祖國統一，是中國的內部事務，不受任何外國勢力的干涉。完成統一祖國的大業是包括臺灣同胞在內的全中國人民的神聖職責。堅持一個中國原則，是實現祖國和平統一的基礎。[1]

「九二共識」明確界定了兩岸關係的根本性質。「九二共識」明確界定了兩岸關係的根本性質是一個國家的內部關係，是兩岸關係發展的政治基礎和基本方向。1992 年，海協會同臺灣海基會就兩岸事務性商談中如何堅持「一個中國」原則展開協商，雙方達成採用各自以口頭聲明的方式表達一個中國原則的共識。海基會的表述是：「在海峽兩岸共同努力謀求國家統一的過程中，雙方雖均堅持一個中國的原則，但對於一個中國的涵義，認知各有不同」。海協會的表述是：「海峽兩岸都堅持一個中國原則，努力謀求國家統一。但在海峽兩岸事務性商談中，不涉及一個中國的政治涵義」。兩會雙方都表達了「海峽兩岸均堅持一個中國原則」「共同謀求國家統一」的態度。在「九二共識」基礎上，兩岸的事務性商談逐步深入，民間交流和商貿投資穩定快速發展，兩岸關係取得了一段時間的和平發展。[2]

---

1 《反分裂國家法》，人民出版社 2005 年版。
2 餘克禮：〈回到「九二共識」既有基礎是改善與發展兩岸關係的根本途徑〉，載《臺灣研究》2002 年 3 期，第 1-7 頁。

三、全面貫徹「一國兩制」方針政策

習近平總書記在慶祝香港回歸祖國 20 周年慶祝大會上，就更好在香港落實「一國兩制」發表了重要意見，為特別行政區全面準確貫徹「一國兩制」方針政策指明了重點。

（一）始終準確把握「一國」和「兩制」的關係

習近平總書記指出，「一國」是根，根深才能葉茂；「一國」是本，本固才能枝榮。「一國兩制」的提出首先是為了實現和維護國家統一。在具體實踐中，必須牢固樹立「一國」意識，堅守「一國」原則，正確處理特別行政區和中央的關係。任何危害國家主權安全、挑戰中央權力和香港特別行政區基本法權威、利用香港對內地進行滲透破壞的活動，都是對底線的觸碰，都是絕不能允許的。與此同時，在「一國」的基礎之上，「兩制」的關係應該也完全可以做到和諧相處、相互促進。要把堅持「一國」原則和尊重「兩制」差異、維護中央權力和保障香港特別行政區高度自治權、發揮祖國內地堅強後盾作用和提高香港自身競爭力有機結合起來，任何時候都不能偏廢。只有這樣，「一國兩制」

這艘航船才能劈波斬浪、行穩致遠。[1]

（二）始終依照憲法和基本法辦事

習近平總書記強調，回歸完成了香港憲制秩序的巨大轉變，中華人民共和國憲法和香港特別行政區基本法共同構成香港特別行政區的憲制基礎。憲法是國家根本大法，是全國各族人民共同意志的體現，是特別行政區制度的法律淵源。基本法是根據憲法制定的基本法律，規定了在香港特別行政區實行的制度和政策，是「一國兩制」方針的法律化、制度化，為「一國兩制」在香港特別行政區的實踐提供了法律保障。在落實憲法和基本法確定的憲制秩序時，要把中央依法行使權力和特別行政區履行主體責任有機結合起來；要完善與基本法實施相關的制度和機制；要加強香港社會特別是公職人員和青少年的憲法和基本法宣傳教育。這些都是「一國兩制」實踐的必然要求，也是全面推進依法治國和維護香港法治的應有之義。[2]

（三）始終聚焦發展這個第一要務

習近平總書記重申，發展是永恆的主題，是香港的立身之本，也

---

1 習近平：〈在慶祝香港回歸祖國20周年大會暨香港特別行政區第五屆政府就職典禮上的講話〉，《人民日報》2017年7月2日第2版。

2 習近平：〈在慶祝香港回歸祖國20周年大會暨香港特別行政區第五屆政府就職典禮上的講話〉，《人民日報》2017年7月2日第2版。

是解決香港各種問題的金鑰匙。「一國兩制」構想提出的目的，一方面是以和平的方式對香港恢復行使主權，另一方面就是為了促進香港發展，保持香港國際金融、航運、貿易中心地位。當前，發展的任務更應聚焦。少年希望快樂成長，青年希望施展才能，壯年希望事業有成，長者希望安度晚年，這都需要通過發展來實現。香港背靠祖國、面向世界，有著許多有利發展條件和獨特競爭優勢。特別是這些年國家的持續快速發展為香港發展提供了難得機遇、不竭動力、廣闊空間。一定要珍惜機遇、抓住機遇，把主要精力集中到搞建設、謀發展上來。」習近平總書記在黨的十九大報告中提出，要支持香港、澳門融入國家發展大局，以粵港澳大灣區建設、粵港澳合作、泛珠三角區域合作等為重點，全面推進內地同香港、澳門互利合作，制定完善便利香港、澳門居民在內地發展的政策措施。[2] 這些政策舉措為特別行政區融入國家發展大局提供了廣闊的機遇。

（四）始終維護和諧穩定的社會環境

習近平總書記提出，「一國兩制」包含了中華文化中的和合理念，體現的一個重要精神就是求大同、存大異。香港是一個多元社會，對一些具體問題存在不同意見甚至重大分歧並不奇怪，但如果陷入「泛

1 習近平：〈在慶祝香港回歸祖國 20 周年大會暨香港特別行政區第五屆政府就職典禮上的講話〉，《人民日報》2017 年 7 月 2 日第 2 版。
2 習近平：〈決勝全面建成小康社會 奪取新時代中國特色社會主義偉大勝利〉，《人民日報》2017 年 10 月 28 日第 1-5 版。

政治化」的旋渦，人為製造對立、對抗，那就不僅於事無補，而且會嚴重阻礙經濟社會發展。只有凡事都著眼大局，理性溝通，凝聚共識，才能逐步解決問題。從中央來說，只要愛國愛港，誠心誠意擁護「一國兩制」方針和香港特別行政區基本法，不論持什麼政見或主張，我們都願意與之溝通。「和氣致祥，乖氣致異」。香港雖有不錯的家底，但在全球經濟格局深度調整、國際競爭日趨激烈的背景下，也面臨很大的挑戰，經不起折騰，經不起內耗。只有團結起來、和衷共濟，才能把香港這個共同家園建設好。[1]

（五）始終貫徹「港人治港」「澳人治澳」、高度自治的方針

黨的十九大報告明確，保持香港、澳門長期繁榮穩定，必須全面準確貫徹「一國兩制」「港人治港」「澳人治澳」、高度自治的方針，嚴格依照憲法和基本法辦事，完善與基本法實施相關的制度和機制。要支持特別行政區政府和行政長官依法施政、積極作為，團結帶領香港、澳門各界人士齊心協力謀發展、促和諧，保障和改善民生，有序推進民主，維護社會穩定，履行維護國家主權、安全、發展利益的憲制責任。堅持愛國者為主體的「港人治港」「澳人治澳」，發展壯大愛國愛港愛澳力量，增強香港、澳門同胞的國家意識和愛國精神，讓香港、澳門同胞同祖國人民共擔民族復興的歷史責任、共用祖國繁榮

富強的偉大榮光。[1]

（六）推動兩岸關係和平發展，推動祖國和平統一進程

習近平總書記在黨的十九大報告中再次強調堅持「一國兩制」、推動兩岸關係和平發展的對臺政策。他指出，解決臺灣問題、實現祖國完全統一，是全體中華兒女共同願望，是中華民族根本利益所在。必須繼續堅持「和平統一、一國兩制」方針，推動兩岸關係和平發展，推進祖國和平統一進程。

十九大報告明確提出，一個中國原則是兩岸關係的政治基礎。體現一個中國原則的「九二共識」明確界定了兩岸關係的根本性質，是確保兩岸關係和平發展的關鍵。承認「九二共識」的歷史事實，認同兩岸同屬一個中國，兩岸雙方就能開展對話，協商解決兩岸同胞關心的問題，臺灣任何政黨和團體同大陸交往也不會存在障礙。兩岸同胞是命運與共的骨肉兄弟，是血濃於水的一家人。我們秉持「兩岸一家親」理念，尊重臺灣現有的社會制度和臺灣同胞生活方式，願意率先同臺灣同胞分享大陸發展的機遇。我們將擴大兩岸經濟文化交流合作，實現互利互惠，逐步為臺灣同胞在大陸學習、創業、就業、生活提供與大陸同胞同等的待遇，增進臺灣同胞福祉。我們將推動兩岸同胞共同弘揚中華文化，促進心靈契合。

習近平在黨的十九大報告中莊嚴宣告：我們堅決維護國家主權和

---

1 習近平：〈決勝全面建成小康社會 奪取新時代中國特色社會主義偉大勝利〉，《人民日報》2017 年 10 月 28 日第 1-5 版。

領土完整，絕不容忍國家分裂的歷史悲劇重演。一切分裂祖國的活動
都必將遭到全體中國人堅決反對。我們有堅定的意志、充分的信心、
足夠的能力挫敗任何形式的「臺獨」分裂圖謀。我們絕不允許任何人、
任何組織、任何政黨、在任何時候、以任何形式、把任何一塊中國領
土從中國分裂出去！實現中華民族偉大復興，是全體中國人共同的夢
想。我們堅信，只要包括港澳臺同胞在內的全體中華兒女順應歷史大
勢、共擔民族大義，把民族命運牢牢掌握在自己手中，就一定能夠共
創中華民族偉大復興的美好未來！[1]

---

1 習近平：〈決勝全面建成小康社會 奪取新時代中國特色社會主義偉大勝利〉，《人
　民日報》2017 年 10 月 28 日第 1-5 版。

堅持推動構建人類命運共同體

堅持推動構建人類命運共同體。中國人民的夢想同各國人民的夢想息息相通，實現中國夢離不開和平的國際環境和穩定的國際秩序。必須統籌國內國際兩個大局，始終不渝走和平發展道路、奉行互利共贏的開放戰略，堅持正確義利觀，樹立共同、綜合、合作、可持續的新安全觀，謀求開放創新、包容互惠的發展前景，促進和而不同、兼收並蓄的文明交流，構築尊崇自然、綠色發展的生態體系，始終做世界和平的建設者、全球發展的貢獻者、國際秩序的維護者。

一、人類命運共同體是應對人類重大挑戰的理論創新

構建人類命運共同體，是習近平總書記面對當今世界人類面臨的共同問題，對中國優秀傳統文化中的社會理想和馬克思主義的共產主義理想融通創新，為破解當今世界難題和形成全球共同發展所提出的

中國方案和中國智慧，是習近平新時代中國特色社會主義思想的有機組成部分。

（一）當代人類面臨著一系列重大的全球性問題

當前，世界呈現出總體和平、局部動盪的形勢，人類面臨的共同問題仍不在少數，不同政治文明的相互排斥，不同經濟制度的激烈競爭，不同民族文化的強勁衝突以及持續惡化的生態環境，都在給人類帶來避無可避的全球性難題。

冷戰結束後，以軍備競賽為主的傳統安全威脅雖已減弱，但冷戰思維和強權政治依舊陰魂不散。非傳統安全威脅也逐漸抬頭並持續蔓延。在傳統與非傳統兩種安全威脅的交織作用下，人類面臨的全球性問題一波未平，一波又起，和平與發展的實現仍舊困難重重、阻礙不斷，尋求破解方案已迫在眉睫。

近年來，發達資本主義國家霸權主義和強權政治的勢頭未曾減弱，文化霸權主義已經成為它們的新形態和新手段，加劇了世界的不穩定。西方發達國家向發展中國家實施經濟侵略的同時，輸入他們的文化產品和價值觀念，傳播所謂的「普世價值」進行文化滲透，嚴重威脅了廣大發展中國家尤其是社會主義國家的安全。

同時，壟斷資產階級對超額剩餘價值的無限追求，驅動了資本的全球性擴張和過渡積累，所引發的金融危機已超出地域限制，向全球擴散，更是從廣度和深度上對人們的生活造成了嚴重衝擊。與之相伴而生的還有生態破壞、氣候變化等全球性災難。此外，恐怖主義、難民危機、重大傳染性疾病等問題屢屢發生，貧富差異和兩極分化也日

益嚴重。上述問題，對全球發展和安全的影響不可謂不大。當今世界依然充滿不確定，在全球性問題面前，任何國家及其人民都不可避免。

（二）當代中國共產黨人提出了人類命運共同體的科學理念

破解當代全球性問題需要各國通力合作。經濟全球化隨著科學技術的發展繼續增強，國與國之間的競爭與合作正朝著更深的方向發展，整個世界日益成為一個緊密聯繫的統一整體。牽一髮而動全身，在面對危害全人類的共同問題時，任何一個國家都不可能獨善其身。總體和平、局部動盪的世界形勢不足以給全人類提供一個良好的生活環境，和平與動盪並存的生活狀態不是人們的最終追求。地球是人類賴以生存的共同家園，以鄰為壑的傳統思維是自尋死路，「各人自掃門前雪」的自私行為已是弊端屢現。

基於此，以習近平同志為核心的黨中央，科學把握當今世界和當代中國的發展大勢，順應實踐要求和人民願望，提出了「人類命運共同體」的理念和思想，為解決人類問題貢獻了中國智慧、提供了中國方案。

中國共產黨作為中國這個最大的發展中國家和負責任的大國的領導核心，站在維護中國人民和世界人民利益的立場上，以人們對理想社會的共同追求為目標，順應世界發展的根本大勢，於 2012 年黨的十八大報告中正式提出了「倡導人類命運共同體意識」。

2013 年 3 月，習近平總書記在莫斯科國際關係學院發表演講中，首次在國際上闡述了「人類命運共同體」思想，這一理念一經提出就

受到廣泛關注，並得到越來越多人的支持和贊同。

2015 年 9 月 28 日，習近平總書記在紀念聯合國成立 70 周年大會上發表題為《攜手構建合作共贏新夥伴同心打造人類命運共同體》的講話，闡釋了「人類命運共同體」的核心思想：「當今世界，各國相互依存、休戚與共。我們要繼承和弘揚聯合國憲章的宗旨和原則，構建以合作共贏為核心的新型國際關係，打造人類命運共同體。」[1]

2017 年 1 月 18 日，習近平總書記在聯合國日內瓦總部的主旨演講中從夥伴關係、安全格局、經濟發展、文明交流、生態建設等方面，把人類命運共同體同全球治理聯繫起來，提出了以人類命運共同體為核心的全球治理體系變革方案，五個堅持「共商共建人類命運共同體」：「堅持對話協商，建設一個持久和平的世界；堅持共建共用，建設一個普遍安全的世界；堅持合作共贏，建設一個共同繁榮的世界；堅持交流互鑒，建設一個開放包容的世界；堅持綠色低碳，建設一個清潔美麗的世界。」[2]

（三）人類命運共同體正在從科學理念上升為現實實踐

中國人民和世界人民對理想生活的嚮往是相通的，中國力主構建人類命運共同體不只是為了中國人民的幸福，歸根結底是為了全人類

---

1 習近平：〈攜手構建合作共贏新夥伴 同心打造人類命運共同體——在第七十屆聯合國大會一般性辯論時的講話〉，《人民日報》2015 年 9 月 29 日第 2 版。

2 〈習近平出席「共商共築人類命運共同體」高級別會議並發表主旨演講〉，《人民日報》2017 年 1 月 20 日第 1 版。

的共同利益。

習近平總書記在黨的十九大報告中指出：「我們生活的世界充滿希望，也充滿挑戰。我們不能因現實複雜而放棄夢想，不能因理想遙遠而放棄追求。沒有哪個國家能夠獨自應對人類面臨的各種挑戰，也沒有哪個國家能夠退回到自我封閉的孤島。我們呼籲，各國人民同心協力，構建人類命運共同體，建設持久和平、普遍安全、共同繁榮、開放包容、清潔美麗的世界。」「要相互尊重、平等協商，堅決摒棄冷戰思維和強權政治，走對話而不對抗、結伴而不結盟的國與國交往新路。要堅持以對話解決爭端、以協商化解分歧，統籌應對傳統和非傳統安全威脅，反對一切形式的恐怖主義。要同舟共濟，促進貿易和投資自由化便利化，推動經濟全球化朝著更加開放、包容、普惠、平衡、共贏的方向發展。要尊重世界文明多樣性，以文明交流超越文明隔閡、文明互鑒超越文明衝突、文明共存超越文明優越。要堅持環境友好，合作應對氣候變化，保護好人類賴以生存的地球家園。」[1]之後，習近平總書記在中國共產黨與世界政黨高層對話會上的主旨講話中對「人類命運共同體」的內涵作瞭解讀：「人類命運共同體，顧名思義，就是每個民族、每個國家的前途命運都緊緊聯繫在一起，應該風雨同舟，榮辱與共，努力把我們生於斯、長於斯的這個星球建成一個和睦的大家庭，把世界各國人民對美好生活的嚮往變成現實。」

現在，「人類命運共同體」已從一個抽象的概念逐步成為世界人民能夠切身感受到的現實實體，它的提出，使中國夢相通世界夢，

---

1 習近平：〈決勝全面建成小康社會　奪取新時代中國特色社會主義偉大勝利——在中國共產黨第十九次全國代表大會上的報告〉，人民出版社 2017 年版，第 6 頁。

使社會理想聯通時代現實，使中國人民攜手世界各國人民和平共進，既體現了中國共產黨人為解決事關全人類前途命運重大問題的責任意識，又彰顯了中國大國擔當的天下情懷和走和平發展道路的堅定決心。

二、人類命運共同體是包含理想追求與破解現實難題的中國方案

人類命運共同體將大同思想和共產主義理想進行融通創新，成為破解當代全球性問題的中國方案，把人們對理想社會的追求引向現實實踐，是人們實現理想社會的現實探索和現實際遇，必須堅持在和平發展中構建人類命運共同體。

（一）大同社會是中國人千百年來孜孜以求的社會理想

大同思想，是中國傳統文化相當重要的組成部分，大同社會，更是中華民族數千年間不斷追求的一個較為理想的社會狀態，反映了中國人民對理想社會的構想藍圖。

大同思想可追溯至《詩經》。其中，《伐檀》向不勞而獲的剝削者提出責問：「不稼不穡，胡取禾三百廛兮？不狩不獵，胡瞻爾庭有縣狟兮……」表明了勞動人民在春秋時期就有反剝削、求理想的意識覺醒。《碩鼠》更深一層地表達了人民群眾對無剝削社會的朦朧理想：「樂土樂土，爰得我所……樂國樂國，爰得我直……樂郊樂郊，誰之永號！」人民此時對「樂土」的追求實際上是對大同社會的最初設想。

「大同社會」理想的完整提出，最早見於《禮記‧禮運篇》：「大道之行也，天下為公，選賢與能，講信修睦。故人不獨親其親，不獨子其子，使老有所終，壯有所用，幼有所長，矜寡孤獨廢疾者皆有所養，男有分，女有歸。貨惡其棄於地也，不必藏於己；力惡其不出於身也，不必為己。是故謀閉而不興，盜竊亂賊而不作，故外戶而不閉，是為大同。」

大同思想在中華民族數千年的文化積澱中日益鮮明，傳至近代仍是人們矢志不渝的奮鬥目標。洪秀全在《天朝田畝制度》中，描繪了「無處不均勻，無人不飽暖」的理想天國；康有為在《大同書》中再講「大同世」，以謀求「大同成就之太平世」；孫中山以「天下為公」作為革命的最終目標，認為「民生主義就是社會主義，又名共產主義，即是大同主義」[1]。

大同思想是中國思想史長河中濃墨重彩的一筆，是中國人民建立理想社會的基本願望和目標追求，影響甚深。它作為一種與階級統治相對立的社會理想，儘管在不同的歷史時期有著不同的闡釋方式，但都表達了人民群眾反對剝削、追求自由平等生活的美好願望。

（二）共產主義是全人類共同的崇高理想

共產主義是馬克思主義最崇高的社會理想，也是人們對美好社會制度的嚮往和對理想社會的目標追求。共產主義社會，是馬克思和恩

1《孫中山選集》下，人民出版社 2011 年版，第 832 頁。

格斯在科學把握人類社會發展客觀規律的基礎上，通過對資本主義社
會現實狀況的分析和基本矛盾的揭露，而對未來社會前景進行的合乎
規律的展望，它是與資本主義社會相對立的產物，是追求和實現人的
自由全面發展的社會。

　　馬克思從抽象思辨轉向對物質利益的研究、思考未來社會發展走
向的最初動因，很大程度上是出於對勞動人民的同情。在「《萊茵報》
時期」，馬克思經歷了「萊茵省議會關於林木盜竊和地產析分的討論」[1]
「萊茵省總督馮·沙培爾先生就摩澤爾農民狀況同《萊茵報》展開的
官方論戰」[2]「關於自由貿易和保護關稅的辯論」[3]三件事，這使他深刻
地注意到底層大眾生活的艱難，認識到階級剝削的本質和國家的本質。

　　在資本主義生產關係下，資本家以最大限度地攫取經濟利益、佔
據剩餘勞動為根本目的，對無產階級實現殘酷的剝削和壓榨。雖然「政
治解放」使資本主義在歷史上取得了較為重要的進步，資本主義剝削
的形式也隨著時代發展而不斷變化，但其本質不會改變，廣大人民群

1《馬克思恩格斯文集》第2卷，人民出版社2009年版，第588頁。19世紀的德國
　也進入資本原始積累時期，容克地主開始霸佔森林和草原，搶奪農民原來共同使用
　的各種農業用地，把本應由農民共同使用的公共土地變為私有，萊茵省議會討論立
　法將農民採伐林木甚至撿拾枯枝的行為說成是「盜竊林木」，以便予以懲罰。
2《馬克思恩格斯文集》第2卷，人民出版社2009年版，第588頁。1842年12月《萊
　茵報》連發3篇描述摩澤爾地區釀造葡萄酒農民的貧困狀況的通訊，萊茵省總督馮·
　沙培爾先生指責這些文章虛假，是誹謗政府的行為。馬克思用他搜集的摩澤爾河沿
　岸地區農民群眾貧困狀況的材料，以「摩澤爾記者」的名義對3篇文章進行論證，
　有力地駁斥了沙培爾的指責。
3《馬克思恩格斯文集》第2卷，人民出版社2009年版，第588頁。當時德國的大地
　主為維護自己的利益，主張實行保護關稅的政策，而工業資產階級為發展資本主義
　則主張實行自由貿易的政策，因此展開了爭論。

眾陷於資本主義異化勞動的漩渦中難以自拔，就連資產階級中人也異化為人格化的資本，迷失了人的本性。只有無產階級領導實現「人類解放」，消除資本主義私有制，建立共產主義社會，才能實現人類真正的解放。

在馬克思看來，「代替那存在著階級和階級對立的資產階級舊社會的，將是這樣一個聯合體，在那裡，每個人的自由發展是一切人的自由發展的條件」[1]。這就是說，共產主義，是「一個更高級的、以每一個個人的全面而自由的發展為基本原則的社會形式。」[2] 在這個理想社會裡，沒有剝削、沒有壓迫，人與人之間是友好平等的和諧共處關係，人擺脫了對物的依賴，成為自身的主人，成為自由的人。馬克思主義關於共產主義的學說，並不是空想的烏托邦，而是符合社會發展規律的科學，是受資本主義壓迫的無產階級和人民群眾能夠在實踐中得以實現的社會理想，是人類值得努力奮鬥的美好目標。

（三）人類命運共同體是不同理想追求的融通創新

無論是中國古代傳統文化中的大同社會理想，還是馬克思主義最崇高的社會理想——共產主義，都集中體現了人民群眾對理想社會的嚮往和追求。但我們絕不能將它們的實現寄希望於抽象的想像和自發的歷史，而應立足於實踐，同當今世界發展大趨勢結合起來，在推動中國和平發展的同時，引領社會理想走向現實。

1《馬克思恩格斯文集》第2卷，人民出版社2009年版，第53頁。
2《馬克思恩格斯文集》第5卷，人民出版社2009年版，第683頁。

地雖有國界、人雖分種族，但人們對幸福生活的嚮往是相同的，對理想社會的追求是共有的。無論是在古代、近代還是在當代，人們都不遺餘力地對理想社會進行探索。大同社會、共產主義等，都是人們對理想社會的嚮往和追求。尤其是在當今世界，不公平不正義不穩定的現象仍充斥全球，人民對理想社會的期盼更勝從前。「人類命運共同體」的提出，在一定程度上說，就是上述兩種社會理想的現實訴求和融通創新。

中國共產黨是中華優秀思想文化的忠實繼承者，是馬克思主義的堅定信仰者。從一開始就把兩種社會理想有機結合起來，為實現中國人民和世界人民的解放和發展、建立美好的共產主義社會而不懈奮鬥。「經過改革開放近 40 年的發展，我國社會生產力水準明顯提高；人民生活顯著改善，對美好生活的嚮往更加強烈」[1]，習近平總書記提出的人類命運共同體正是人民利益的重要體現，不僅吸收了中國傳統文化中的大同思想和馬克思主義的共產主義理想，更是將這兩種理想蘊涵的思想文化進行了融通創新，為世界人民實現理想社會提供了現實的際遇。

（四）人類命運共同體是破解當代全球難題的中國方案

霸權主義、金融危機、貿易保護主義、生態危機等全球性問題已成為困擾人們的共同難題。除了這些，發展中國家受到的危害更為嚴

1〈高舉中國特色社會主義偉大旗幟　為決勝全面小康社會實現中國夢而奮鬥〉，《人民日報》2017 年 7 月 28 日第 1 版。

重，他們在承受國內不斷惡化的環境帶來的壓力的同時，還要被動接受發達國家帶來的經濟文化侵略，形勢極其嚴峻。任何國家的發展、任何人的發展都離不開外部環境和社會現實的變化，必須依賴於集體的行動，借助於生產力的發展所提供的物質前提，發達國家也不例外，他們轉嫁災難的行為無異於玩火自焚。構建人類命運共同體，是在當今時代發展的現實條件下為破解全球性問題而提出的可以實現、必有成效的路徑。事成於和睦，力生於團結，為集合各國力量共同應對世界難題，人類命運共同體堅持以合作共贏為核心，尋求各國之間利益共同點，謀求人類共同利益。對此，習近平總書記一再強調「同心打造人類命運共同體」，堅信「只要我們牢固樹立人類命運共同體意識，攜手努力、共同擔當，同舟共濟、共渡難關，就一定能夠讓世界更美好、讓人民更幸福。」[1] 所以，我們「應該促進不同國家、不同文化和歷史背景的人們深入交流，增進彼此理解」[2]，「高舉和平、發展、合作、共贏的旗幟，擴大同世界各國利益交匯點，推動構建人類命運共同體。」[3]

　　人類命運共同體是在人們對理想社會追求的現實條件下、為解決全人類面臨的共同問題應運而生的中國方案，其根本原則是以人為本，體現了中國為世界人民謀求幸福生活的大國擔當。科學技術廣泛應用的今時今日，空間上的距離已不足為慮，國家之間的聯繫空前緊

1〈習近平出席世界經濟論壇 2017 年年會開幕式並發表主旨演講〉，《人民日報》2017 年 1 月 18 日第 1 版。

2 習近平：〈中國發展新起點 全球增長新藍圖 在二十國集團工商峰會開幕式上的主旨演講〉，《人民日報》2016 年 9 月 4 日第 3 版。

3 習近平：〈在全國政協新年茶話會上的講話〉，《人民日報》2016 年 1 月 1 日第 2 版。

密，獨自發展已不能解決世界性問題，更無法實現人們對理想社會的追求。習近平總書記以過硬的馬克思主義理論修養和深厚的中國傳統文化素養提出人類命運共同體，旨在建立一個極具包容性的國際新秩序，為人的發展提供一個良好的交往關係，為各國的發展提供一個合作共贏的國際環境，在指導中國和平崛起的同時引領全球治理體系的改革和發展。習近平總書記在主持中共中央政治局第二十七次集體學習時指出：「要推動全球治理理念創新發展，積極發掘中華文化中積極的處世之道和治理理念同當今時代的共鳴點，繼續豐富打造人類命運共同體等主張，弘揚共商共建共用的全球治理理念。」[1] 在以人類命運共同體引領全球治理體系變革發展的過程中，中國積極發展同其他國家的友好合作關係，盡最大努力實現國與國之間的合作共贏和人與人之間的和諧共處，滿足人民對美好生活的嚮往和對理想社會的追求。

三、在和平發展中推動構建人類命運共同體

任何理念的實現都需要實踐活動的進行，「人類命運共同體」這一理念的踐行需要中國人民與世界人民攜手相行。人類命運共同體是建設遠離恐懼、普遍安全，遠離貧困、共同繁榮，遠離封閉、開放包容，山清水秀、清潔美麗的世界的必由之路，需要在和平發展道路中堅持推動。中國共產黨將肩負起為全人類謀幸福的這一歷史重責，矢

---

1 習近平：〈推動全球治理體制更加公正更加合理　為我國發展和世界和平創造有利條件〉，《人民日報》2015 年 10 月 14 日第 1 版。

志不渝地堅持和平發展道路，推動構建人類命運共同體。

（一）堅定奉行獨立自主的和平外交政策

中國自古以來就是一個愛好和平的國家，在和平中謀發展已經成為每個中國人腦海中根深蒂固的思維習慣，尤其在中國日益走進世界舞臺中央的新時代，中國人民仍舊矢志不渝地堅持以和為貴，堅持與其他國家和平共處、雙贏共進。構建人類命運共同體意在此處，只有中國堅持和平外交，才能以更有說服力的實際行動表明中國維護世界和平的信心和決心，才能使更多的國家和人民信服人類命運共同體能夠將理想引向現實。中國的和平發展只會助益世界的和平與穩定，中國的和平崛起只能更好地維護國際的公平正義。只有在堅持和平外交的大前提下，中國才能會成為黏合各個國家之間、各個民族之間通力合作的有力軸心，使人類命運共同體成為解決全人類共同問題的最優途徑，成為引領全球治理體系變革的重要力量。

（二）樹立正確義利觀的外交理念

構建人類命運共同體是功在全球、利在千秋的重要事業，不僅需要中國的和平發展，更離不開世界範圍內的安定和諧。今天的世界，局部戰爭仍反復發生，貧富差距的鴻溝仍難以消除，爾虞我詐的交往關係只會是兩敗俱傷。構建人類命運共同體有利於促進世界總體格局的相對穩定，同時世界和平穩定的發展環境又能夠推進人類命運共同體的構建。為此，中國始終秉持你好我好大家好的理念，積極樹立國

家間正確利益觀的交往新思路，深化共同、綜合、合作、可持續的新安全觀，推進開放、包容、普惠、平衡、共贏的經濟全球化，擴大同各國的利益交匯點，建立平等相待、互商互諒的夥伴關係，在互惠共贏中擴大國家間的友善交往，在和平發展中構建人類命運共同體。

（三）深入推進「一帶一路」建設

「一帶一路」倡議的提出就是要將「人類命運共同體」從理念帶入實踐。當今世界聯繫日益緊密，國家的進步、人類的發展離不開同周邊國家的睦鄰友好和優勢對接，離不開相容並包、開放共用的國際環境。「一帶一路」必然惠及周邊，中國努力通過政策溝通、經濟合作、設施聯通、文化交流等方方面面的互動，加強同周邊國家的利益往來，提升整體經濟實力和國際綜合競爭力，逐漸形成休戚相關的周邊命運共同體。之後以此為基點，從區域的局部合作擴展到世界各國的廣泛參與，努力打造國際合作新平臺，增添國家間、民族間共同發展的新動力。尤其是要用中國的和平崛起帶動不發達國家的向前發展，加大對最不發達國家的援助力度，縮小世界範圍內的貧富差異，將周邊命運共同體推向人類命運共同體。中國「一帶一路」倡議從打造周邊命運共同體開始，逐漸上升到打造人類命運共同體，從區域到全域，從周邊到世界，有節奏地將人類命運共同體推向深化。

（四）營造公平正義、共商共建共用的安全新格局

世界格局在變，發展格局在變，世界各國都應順應時代大勢，為

人類對理想生活的追求進行實踐活動。時代的進步使我們相互聯繫、相互依存的程度日益加深，我們國家自身的發展同世界其他國家、其他民族和全人類的發展緊密結合在一起，事關全人類生死存亡的問題已日益凸顯，任何零和博弈都是「殺敵一千，自損八百」的愚蠢行為。各國應以合作代替對抗，謀求共生發展，努力踐行「人類命運共同體」。人類命運共同體只有在平等交往的國際環境中才能得以推行，狹隘的自我保護主義只會將它拒之門外、漸行漸遠。因此，中國將繼續發揮負責任大國的作用，積極參與全球治理體系改革和建設，堅持國家不分大小、強弱、貧富一律平等，給予廣大發展中國家的國際話語權，倡導國際關係民主化，努力為構建人類命運共同體營造一個公平正義、共商共建共用的安全新格局。

習近平總書記提出「人類命運共同體」理念，為世界各國人民應對全球性問題凝聚了和平力量，引領了全球治理體系的改革發展，將人們對理想社會的追求帶入了現實實踐。構建人類命運共同體勢在必行，中國作為提出國，不僅要承擔大國責任、起到模範作用，還要努力平衡穩定發展大局，減少國家之間的摩擦與隔閡，用中國的和平崛起助推世界的和平發展，為人類的幸福生活竭力奮鬥。

第十四講

堅持全面從嚴治黨

　　堅持全面從嚴治黨。勇於自我革命，從嚴管黨治黨，是我們黨最鮮明的品格。必須以黨章為根本遵循，把黨的政治建設擺在首位，思想建黨和制度治黨同向發力，統籌推進黨的各項建設，抓住「關鍵少數」，堅持「三嚴三實」，堅持民主集中制，嚴肅黨內政治生活，嚴明黨的紀律，強化黨內監督，發展積極健康的黨內政治文化，全面淨化黨內政治生態，堅決糾正各種不正之風，以零容忍態度懲治腐敗，不斷增強黨自我淨化、自我完善、自我革新、自我提高的能力，始終保持黨同人民群眾的血肉聯繫。

一、全面從嚴治黨是黨的建設的重大創新

　　黨的十八大以來，習近平總書記深刻把握新時代黨的建設的要求和特徵，明確提出並領導開展了全面從嚴治黨工作，形成了新時代黨的建設新的偉大工程的鮮明特點，積累了黨的建設的寶貴經驗，形成

了馬克思主義黨的建設實踐和理論方面的重大創新。

（一）全面從嚴治黨是新時代黨的建設的鮮明特點

黨要管黨、從嚴治黨，是我們黨在黨的建設方面的一貫要求和根本方針。習近平總書記結合新的歷史任務和時代特徵，把這一要求和方針提升到新的高度，形成了「全面從嚴治黨」的重大理論和實踐創新，構成了新時代黨的建設的鮮明特點和重要經驗。

2014 年 10 月，他在黨的群眾路線教育實踐活動總結大會上提出了「全面推進從嚴治黨」的重大論斷。同年 12 月，他在江蘇調研時提出要「協調推進全面建成小康社會、全面深化改革、全面推進依法治國、全面從嚴治黨」，把全面從嚴治黨納入「四個全面」戰略佈局之中，上升到中國特色社會主義發展戰略高度。2016 年 10 月，十八屆六中全會專題研究全面從嚴治黨問題，習近平總書記強調要「首先從政治上把全面從嚴治黨抓緊抓好」，領導制定了《關於新形勢下黨內政治生活的若干準則》。黨的十九大上，他突出強調要「堅定不移全面從嚴治黨，不斷提高黨的執政能力和領導水準」。

全面從嚴治黨基礎在全面，就是要管全黨、治全黨，面向全體黨員和所有黨組織，覆蓋黨的建設的各個領域、各個方面、各個部門，重點抓住領導幹部這個「關鍵少數」；關鍵在嚴，就是做到嚴字當頭，在政治、思想、制度、紀律、作風、反腐等各個方面真管真嚴、敢管敢嚴、長管長嚴；要害在治，就是要從黨中央到各級黨組織，全面落實主體責任和監督責任，形成敢管敢治、嚴管嚴治、長管長治的黨建生態。

黨的十八大以來，黨中央全面加強黨的領導和建設，堅決改變

管黨治黨寬鬆軟狀況。狠抓政治從嚴，推動全黨尊崇黨章，牢固增強「四個意識」，堅決維護黨中央權威和集中統一領導，嚴明黨的政治紀律和政治規矩，層層落實管黨治黨政治責任。狠抓思想從嚴，中央政治局帶頭學習馬克思主義，堅持用馬克思主義中國化最新成果武裝頭腦、凝心聚魂，全黨運用馬克思主義解決現實問題能力極大提高，共產主義理想信念更加堅定，「四個自信」不斷增強。狠抓管黨從嚴，堅持思想建黨和制度治黨同時同向發力，完善黨內法規制度體系，堅持制度面前人人平等、執行制度沒有例外，使制度成為硬約束。狠抓執紀從嚴，把紀律挺在前面，著力解決人民群眾反映最強烈、對黨的執政基礎威脅最大的突出問題，強化紀律意識和規矩意識。狠抓作風從嚴，抓常、抓長、抓細，開展黨的群眾路線教育實踐活動，推動「三嚴三實」「兩學一做」學習教育常態化制度化。狠抓治吏從嚴，貫徹好幹部標準，建立科學有效的選人用人機制，形成能者上、庸者下、劣者汰的用人導向，選人用人狀況明顯好轉。狠抓反腐從嚴，堅持反腐工作無禁區、全覆蓋、無死角，重拳「打虎」「拍蠅」「獵狐」，不敢腐的目標初步實現，不能腐的籠子越紮越牢，不想腐的堤壩正在構築，反腐敗鬥爭壓倒性態勢已經形成並鞏固發展。

在黨的十九大報告中，習近平總書記對全面從嚴治黨的創新成果和重要經驗深度提升，把全面從嚴治黨寫入黨章中上升到黨的根本大法層面，納入習近平新時代中國特色社會主義思想中上升到黨的指導思想層面，納入發展中國特色社會主義必須堅持的「十四條」中上升到黨的基本方略層面，寫入新時代黨的建設總要求中上升到黨的建設指導方針層面。

習近平新時代中國特色社會主義思想突出強調，中國特色社會

主義最本質的特徵是中國共產黨領導，中國特色社會主義制度的最大優勢是中國共產黨領導，黨是最高政治領導力量。新時代中國特色社會主義的基本方略突出強調，必須堅持黨對一切工作的領導，提高黨把方向、謀大局、定政策、促改革的能力和定力，確保黨始終總攬全域、協調各方；必須堅持全面從嚴治黨，勇於自我革命、從嚴管黨治黨是我們黨最鮮明的品格，不斷增強黨自我淨化、自我完善、自我革新、自我提高的能力，始終保持黨同人民群眾的血肉聯繫。這些重要思想充分體現了全面從嚴治黨的極端重要性，豐富和發展了中國化馬克思主義的黨建理論，為新時代黨的建設提供了思想指導。

（二）全面從嚴治黨取得了寶貴經驗

以習近平同志為核心的黨中央，立足於新時代的新任務新要求，緊緊盯住黨的建設領域的突出問題，堅決改變管黨治黨寬鬆軟狀況，全面從嚴治黨取得了影響深遠的卓著成效，創造了「六個統一」的成功經驗，我們在推進全面從嚴治黨縱深發展過程中，一定要牢牢堅持這些經驗，並使之發揚光大。

一是堅持思想建黨和制度治黨相統一。既要解決思想問題，也要解決制度問題，把堅定理想信念作為根本任務，把制度建設貫穿到黨的各項建設之中。思想建設是黨的基礎性建設，能夠形成強大的內在自律力量，關鍵是要堅定全黨的馬克思主義信仰、共產主義遠大理想和中國特色社會主義共同理想，解決黨員的理想信念、價值追求等問題。制度建設是黨的根本性建設，帶有全域性、穩定性、長期性，能夠形成強大的外在的約束力量，關鍵是要建立和執行科學的和硬約束力

的制度體系，解決黨員的行為規範、監督追究等問題。思想建黨與制度治黨是互為條件，良性互動，思想建黨是制度治黨的前提和基礎，影響、規定著制度建設的性質和方向；制度治黨是思想建黨的有力保障，思想建黨的經驗和成果要靠制度來鞏固和擴展；制度治黨離開思想建黨就會失去根基、迷失方向，思想建黨離開制度治黨就會失去保障、難有成效。新形勢下從嚴治黨靠教育也靠制度，要堅持思想建黨和制度治黨緊密結合，使加強制度治黨的過程成為加強思想建黨的過程，也要使加強思想建黨的過程成為加強制度治黨的過程，二者剛柔相濟，同向同時發力。這個經驗正確處理思想建黨和制度治黨的辯證關係，把思想與制度、自律與他律、內因與外因有機統一起來，形成建黨治黨的合力效應。

　　二是堅持使命引領和問題導向相統一。既要立足當前、直面問題，在解決人民群眾最不滿意的問題上下功夫；又要著眼未來、登高望遠，在加強統籌謀劃、強化頂層設計上著力。黨的理想目標，就是要通過持續不斷的革命建設改革最終實現共產主義；黨的初心使命，就是為中國人民謀幸福，為中華民族謀復興。遠大理想和初心使命，始終是激勵我們不斷前進的根本動力，產生強大的理想引導力量，促使我們黨始終胸懷長遠，統攬全域，以永不懈怠的精神狀態和一往無前的奮鬥姿態朝著宏偉目標不懈奮鬥。如今，中國特色社會主義進入新時代，我們比歷史上任何時期都更接近、更有信心和能力實現中華民族偉大復興的目標。但是，最終實現中華民族偉大復興，絕不是輕鬆的事情，必須付出更為艱苦的努力。這就要求黨必須始終保持堅定政治定力，著力解決人民群眾最反對、最痛恨、最不滿意的突出問題，使黨永葆旺盛生命力和強大戰鬥力，始終走在時代前列，始終成為全國人民的

主心骨，始終成為堅強領導核心，凝聚起實現偉大夢想的磅 力量。這個經驗正確處理使命引領與問題導向的辯證關係，把著眼未來與關注當下、堅守主義與解決問題、遠大目標與實現路徑有機結合起來，形成了強大的理想引領力和鮮明的現實針對性。

　　三是堅持抓「關鍵少數」和管「絕大多數」相統一。既對廣大黨員提出普遍性要求，又對「關鍵少數」特別是高級幹部提出更高更嚴的標準，進行更嚴的管理和監督。黨的幹部是黨的事業的骨幹，是黨的理論和路線方針政策的具體執行者，是黨連絡人民群眾的橋樑和紐帶，掌握著方方面面的權力，承擔著極其重要的責任。因此，從嚴管黨治黨首先就是要從嚴管好幹部，緊緊抓住領導幹部這個「關鍵少數」，從嚴教育、監督、管理、查處，使嚴的標準、措施、紀律貫徹落實到幹部隊伍建設全過程，打造一支信念堅定、為民服務、勤政務實、敢於擔當、清正廉潔的幹部隊伍。中央八項規定首先就是從中央政治局抓起，群眾路線教育實踐活動、「三嚴三實」專題教育的對象首先就是縣處級以上領導幹部。與此同時，全面從嚴治黨基礎在全面，就是要管全黨、治全黨，面向全體黨員和所有黨組織，覆蓋黨的建設各個領域各個方面，嚴肅黨內政治生活，營造良好政治生態，增強全黨的凝聚力戰鬥力。這個經驗正確處理領導幹部和廣大黨員的辯證關係，把重點論與兩點論、普遍性與特殊性有機結合起來，既形成了領導帶頭效應又營造了良好政治生態。

　　四是堅持行使權力和擔當責任相統一。真正把落實管黨治黨政治責任作為最根本的政治擔當，緊緊咬住「責任」二字，抓住「問責」這個要害。中國共產黨是當代中國的執政黨，黨的幹部手中握有很大的權力，但這個權力絕不是天然的而是人民賦予的。人民和組織賦予

權力的同時必然賦予責任，各級黨組織和領導幹部必須要正確處理權責關係，做到有權必有責、用權受監督、有責要擔當、失責必追究，保證人民賦予的權力始終用來為人民謀福利。習近平總書記反復強調，黨的幹部都是人民公僕，有責任就要擔當，在其位必須謀其政，要有擔當精神，真正做到忠誠、乾淨、擔當。為此，2016 年 6 月，黨中央專門制定頒佈了《中國共產黨問責條例》，規範和強化問責工作。共產黨人的責任擔當具有豐富內容，其中加強黨的建設、從嚴管黨治黨是首要的責任擔當，各級黨組織特別是主要負責人必須切實履行全面從嚴治黨的主體責任，在大是大非面前堅持原則、敢抓敢管，敢於擔當、敢於亮劍。這個經驗正確處理權力和責任的辯證關係，把責任與擔當、擔責與問責有機統一起來，嚴明黨的政治紀律和規矩，把管黨治黨的政治責任層層落實到位。

五是堅持嚴格管理和關心信任相統一。堅持真管真嚴、敢管敢嚴、長管長嚴，貫徹懲前毖後、治病救人的一貫方針，抓早抓小、防微杜漸，最大限度防止幹部出問題，最大限度激發幹部積極性。從嚴是管黨治黨的關鍵，就是做到嚴字當頭，在政治、思想、制度、紀律、作風、反腐等各個方面真管真嚴、敢管敢嚴、長管長嚴，勇於直面問題，敢於刮骨療毒，消除一切損害黨的先進性和純潔性的因素，清除一切侵蝕黨的健康肌體的病毒。嚴格管理是對幹部最好的保護，全面從嚴治黨絕不是要把領導幹部和廣大黨員管死，而是要使他們更好地發揮幹事創業的積極性創造性。監督執紀「四種形態」的制度設計及其執行效果就充分體現了這一點，2015 年以來全國紀檢監察機關實踐「四種形態」共處理 204.8 萬人次。其中，第一種形態批評教育、談話函詢 95.5 萬人次、占 46.7%，紅臉出汗成為常態；第二種形態紀

律輕處分、組織調整 81.8 萬人次、占 39.9%，成為大多數；第三種形態紀律重處分、重大職務調整 15.6 萬人次、占 7.6%，成為少數；第四種形態嚴重違紀涉嫌違法立案審查 11.9 萬人次、占 5.8%，被開除黨籍、移送司法機關的真正成為極少數。這就在嚴肅黨紀黨規的同時，保護了絕大多數的黨員幹部。這個經驗正確處理預防與懲治、治標與治本的辯證關係，把嚴管和厚愛、激勵和約束有機統一起來，體現了全面從嚴治黨的原則和目標。

　　六是堅持黨內監督和群眾監督相統一。以黨內監督帶動其他監督，積極暢通人民群眾建言獻策和批評監督渠道，充分發揮群眾監督、輿論監督作用。在黨和國家的各項監督中，黨內監督是處於首位的。黨的十八大以來，黨中央構建了統一指揮、全面覆蓋、權威高效的監督體系；高度重視巡視工作，建立了完善的巡視和巡查制度，彰顯了巡視利劍作用。黨中央在強化自上而下的組織監督同時，牢固堅持人民主體地位，高度強調人民群眾的監督，著力改進自下而上的民主監督，把黨內監督同國家機關監督、民主監督、司法監督、群眾監督、輿論監督貫通起來，讓幹部習慣於在監督下行使權力，履行責任。這個經驗正確處理執政黨與人民群眾、自我淨化與外在監督的關係，把黨內監督與黨外監督、自上而下與自下而上的監督有機結合起來，增強了從嚴管黨治黨的監督合力和效能。

（三）深入推進全面從嚴治黨是新時代歷史使命的內在要求

　　中國共產黨的初心和使命，就是為人民謀幸福，為民族謀復興。

近代以來，中華民族陷入了災難沉重的深淵，一代又一代先進的中國人為實現民族復興前赴後繼，但一次次努力、一場場鬥爭都沒有成功，其根本原因就在於沒有科學理論指導，沒有先進政黨領導，沒有找到正確道路，沒有建立先進社會制度。

中國共產黨成立後，就接過歷史的接力棒，在革命建設改革的道路上砥礪奮進，不懈奮鬥，不斷實現重大歷史飛躍。開闢具有中國特色的新民主主義革命道路，取得新民主主義革命的偉大勝利，創建中華人民共和國。開闢具有中國特色的社會主義革命道路，取得社會主義改造的偉大勝利，創建中國社會主義制度，進行大規模的社會主義建設。開闢中國特色社會主義道路，不斷取得改革開放的偉大勝利。經過長期努力，中國特色社會主義進入新時代，黨和國家事業站到新的歷史起點上，中華民族偉大復興展現出前所未有的光明前景，我們比歷史上任何時期都更接近、更有信心和能力實現中華民族偉大復興的中國夢。

當代中國共產黨人的歷史使命，就是要在歷史成就的基礎上，不忘初心，繼續前進，建設富強民主文明和諧美麗的社會主義現代化強國，奪取新時代中國特色社會主義的新勝利，實現中華民族復興的偉大夢想。

實現偉大歷史使命必須堅持黨對一切工作的領導。實現偉大夢想絕不是坐而論道的事情，必須進行具有許多新的歷史特點的偉大鬥爭，扎實推進中國特色社會主義偉大事業；而沒有黨的堅強領導，就不能很好地進行偉大鬥爭、推進偉大事業、實現偉大夢想。新時代既是以往歷史成就的高度凝結，更是未來發展的嶄新起點。新起點呈現出新矛盾，新時代我國社會主要矛盾已經轉化為人民日益增長的美好

生活需要和不平衡不充分的發展之間的矛盾。新矛盾提出了新要求，就是要在繼續推動發展的基礎上，著力解決好發展的不平衡不充分的問題，更好推動人的全面發展、社會全面進步。

破解新矛盾，完成新任務，需要付出巨大努力，凝聚強大力量，這就更需要發揮黨的領導核心作用，凝聚起全體人民的集體智慧，形成發展偉大事業的強大合力。正是基於此，習近平總書記旗幟鮮明地提出：「堅持黨對一切工作的領導。黨政軍民學，東西南北中，黨是領導一切的。」經濟建設必須貫徹黨執政興國的第一要務，政治建設必須堅持黨的領導、人民當家作主、依法治國有機統一，文化建設必須牢牢堅持黨對意識形態工作的領導權，社會建設必須貫徹黨的根本宗旨，軍隊建設必須牢牢堅持黨的絕對領導。

二、勇於自我革命、從嚴管黨治黨是我們黨的鮮明品格

習近平總書記指出：勇於自我革命、從嚴管黨治黨是我們黨最鮮明的品格。這個鮮明品格是由我們黨的政治屬性和思想基礎決定的，是在長期革命建設改革的實踐中鍛造的，在新時代黨的建設新的偉大工程中得到了充分體現，我們要牢固堅持並不斷發揚光大。

（一）勇於自我革命、從嚴管黨治黨的鮮明品格源於黨的特殊政治屬性和思想文化基礎

中國共產黨是馬克思主義政黨，具有其他類型政黨完全不同的先

進性和純潔性，始終堅定不移高舉馬克思主義旗幟，忠誠繼承中華優秀思想文化的精髓，這是勇於自我革命、從嚴管黨治黨鮮明品格的政治基礎和文化淵源。

　　勇於自我革命、從嚴管黨治黨的鮮明品格，植根於我們黨特有的先進性和純潔性。在創立共產黨之始，馬克思恩格斯就在《共產黨宣言》中明確提出，共產黨是由「最先進和最堅決的」分子組成的、全世界工人階級和最廣大人民群眾的先鋒隊，始終以無產階級和全人類的解放和幸福為根本追求，沒有任何同整個無產階級利益不同的特殊利益，在理論上始終堅持以馬克思主義這一最先進的世界觀方法論為指導，在實踐上始終是走在人類解放運動和社會歷史發展的最前列。中國共產黨從成立那天起，就自覺地擔當中國工人階級先鋒隊、全體中國人民和中華民族先鋒隊的歷史責任，在思想上毫不動搖地堅持馬克思主義為指導思想，在實踐上始終保持與時俱進的品格，追隨時代步伐，適應時代要求，勇於進行自我革命、自我更新，清除隊伍中的非無產階級的思想觀念，清除隊伍中的變質變色分子，消除一切損害黨的先進性和純潔性的因素，清除一切侵蝕黨的健康肌體的病毒，不斷實現自我超越、自我提高，始終保持思想上、組織上的先進性和純潔性。

　　勇於自我革命、從嚴管黨治黨的鮮明品格，植根於我們黨的初心和使命。鴉片戰爭後，中國逐步陷入半殖民地半封建的苦難深淵，一代又一代中華優秀兒女為國家獨立、民族振興、人民解放前赴後繼、不懈努力。中國共產黨從成立之日起，就接過歷史的接力棒，為中國人民謀幸福，為中華民族謀復興，為實現社會主義和共產主義遠大理想而奮鬥。前進的道路並不平坦，不僅需要克服各種外在的困難挑戰，戰勝一切外在的強大力量，進行艱苦卓絕的革命建設改革，努力實現

站起來、富起來、強起來的歷史飛躍；也要同黨內的不正確的思想、行為以及變異分子進行艱苦鬥爭，直面自身問題，勇於刮骨療毒，不斷進行自我淨化、自我完善，以強大的政治領導力、思想引領力、群眾組織力、社會號召力，始終走在時代前列，始終成為人民的主心骨，不斷把中華民族偉大復興的歷史使命付諸實現。

勇於自我革命、從嚴管黨治黨的鮮明品格，植根於我們黨的思想和文化基礎。中國共產黨從一成立就高舉馬克思主義旗幟武裝頭腦、指導行動。馬克思主義唯物辯證法的一個基本原理，就是強調事物發展過程中的自我否定、自我更新、自我揚棄。任何事物發展的根本動力來自自身的內在矛盾，來自自身兩個方面的鬥爭，不斷自身的積極因素戰勝消極因素，通過否定之否定實現螺旋式上升，從舊的質態上升到新的質態。另一方面，中國共產黨始終是中華優秀傳統文化的忠實傳承者和弘揚者，傳統優秀文化從元典時期就強調「其命維新」「與時偕行」的自我革命，追求「慎乎其獨」「三省吾身」的自我反省，倡導「苟日新、日日新、又日新」的自我更新，在推動傳統優秀文化創造性轉化和創新性發展的過程中，把這些優秀思想文化的精髓發揚光大，轉化為黨性修養、黨的建設的基本追求。哲學上的基本原理和優秀思想文化的核心精神，具體化為黨自身建設的過程，就是黨的自我更新和自我革命，就是與時俱進地從嚴管黨治黨。

（二）勇於自我革命、從嚴管黨治黨的鮮明品格是在長期發展實踐中鍛造出來的

中國共產黨已經帶領人民走過了近百年極不平凡的歷程，在革命

建設改革的接續奮鬥中，我們黨積累了加強自身建設的寶貴經驗和優良傳統，鍛造了勇於自我革命、從嚴管黨治黨的鮮明品格。

革命戰爭時期，以毛澤東為代表的中國共產黨人，篳路藍縷，艱辛開拓，在領導中國革命走向不斷勝利的過程中，逐步形成了勇於自我革命、從嚴管黨治黨的鮮明品格。井岡山革命鬥爭一開始，就遭遇各種非無產階級思想的干擾，毛澤東曾感歎「『鬥爭的布爾什維克黨』的建設，真是難得很」，「無產階級思想領導的問題，是一個非常重要的問題」。為此，他創造性地提出「支部建在連上」，加強黨對軍隊的絕對領導；開展「厲行洗黨」活動，進行組織整頓，清除不合格黨員；創辦黨團訓練班，對黨員進行政治、形勢、階級以及黨的基本理論教育，提高黨團員的思想覺悟和政治素質。古田會議上，毛澤東領導紅四軍堅決洗刷唯心精神，反對流寇主義和軍閥作風，清理黨內軍內的各種錯誤思想。這是勇於自我革命、從嚴管黨治黨的早期探索。遵義會議上，我們黨勇於糾正黨中央的錯誤，果斷改造黨的中央領導機構，確立了毛澤東的領導核心地位，挽救了黨，挽救了紅軍，挽救了中國革命；在長征途中，又同張國燾分裂主義錯誤進行堅決鬥爭，維護黨的團結統一，堅定革命理想，這是勇於自我革命、從嚴管黨治黨的典型體現。抗日戰爭時期，黨中央和毛澤東領導了全黨範圍內的整風運動，對「左」傾教條主義進行了徹底批判和清理，同時批判和糾正了組織上的宗派主義、山頭主義，形成了理論聯繫實際、密切聯繫群眾、批評和自我批評的優良作風，同時也對黨內出現的各種有違黨的宗旨、違犯黨的紀律和法律的行為進行堅決打擊，槍斃黃克功就是一例。正是在延安整風的過程中，勇於自我革命、從嚴管黨治黨的鮮明品格日益成熟。

　　在領導建設改革的長期執政實踐中，我們黨更是勇於迎接新的問題和挑戰，敢於直面自己的挫折和失誤，下大力氣加強黨的建設，不斷推進執政條件下的自我發展和完善。新中國成立後不久，我們黨就嚴厲懲治了劉青山、張子善等腐敗分子，頒佈了加強黨的團結的有關決議，從一開始就表明了執政黨從嚴管黨治黨的態度和風格。在探索這個社會主義建設道路的過程中，我們黨曾出現比較多曲折，毛澤東等中央領導帶頭進行自我批評，努力糾正思想和理論上的失誤，20世紀50年代末到60年代初，毛澤東就領導全黨進行了四次艱苦的糾「左」努力。20世紀70年代末，以鄧小平為代表的中國共產黨人，果斷地否定「文化大革命」的理論和實踐，對毛澤東晚年的錯誤進行了實事求是的批評和糾正，實現了黨在思想上、政治上、組織上的撥亂反正。正是在這種深刻的自我革命的基礎上，黨帶領人民進入了改革開放和社會主義現代化建設的新時期，開創了中國特色社會主義道路。

　　歷史是最好的教科書。近百年發展奮進的歷史證明，中國共產黨是一個具有強大自我革命勇氣、自我更新能力的馬克思主義先進政黨，是一個從不掩飾自己失誤的光明磊落的先鋒隊組織，不僅敢於而且善於知錯、認錯、糾錯，不僅敢於而且善於清除自身存在的各種不足，在政治、思想、組織、紀律、作風等各個方面從嚴從實管黨治黨，這是中國共產黨始終保持先進性純潔性的重要法寶，不斷取得一個又一個偉大勝利的重要基礎。

（三）勇於自我革命、從嚴管黨治黨是黨的建設新的偉大工程的核心內容

　　改革開放 40 年來，黨領導人民進行了波瀾壯闊的改革開放和現代化建設，取得了輝煌成就，成功實現了中華民族從站起來、富起來到強起來的歷史性跨越，社會主義中國正以昂揚的姿態走向世界舞臺的中央。與此同時，黨所面臨的長期執政考驗、改革開放考驗、市場經濟考驗、外部環境考驗也不斷加大、長期複雜，黨內存在的精神懈怠危險、能力不足危險、脫離群眾危險、消極腐敗危險也日益尖銳和嚴峻，這就給黨的建設提出了新的任務和挑戰。中國共產黨人始終是清醒的，鄧小平同志在 80 年代就提出「這個黨該抓了，不抓不行了」，江澤民同志圍繞著「建設一個什麼樣的黨、怎樣建設黨」的問題長期探索，創立了「三個代表」重要思想，胡錦濤同志反復強調要保持黨的先進性和純潔性，不斷把黨的建設新的偉大工程推向深入。

　　黨的十八大以來，習近平總書記在引領中國特色社會主義進入新時代的過程中，下大力氣狠抓黨的建設，創造性地發展和豐富了勇於自我革命、從嚴管黨治黨的鮮明風格，提出了全面從嚴治黨系統思想，並把它納入「四個全面」戰略佈局之中，上升到中國特色社會主義發展戰略的高度，這是習近平總書記在黨的建設方面的重要創新、鮮明特點和重大經驗。

　　創新性思想引領創新性實踐，創新性實踐產生了卓著成效。習近平總書記領導全黨勇於面對重大風險考驗和突出問題，以頑強意志品質正風肅紀、反腐懲惡，堅決改變管黨治黨寬鬆軟狀況，形成了政治從嚴、思想從嚴、治吏從嚴、作風從嚴、執紀從嚴、反腐從嚴等黨建

新局面。經過堅持不懈努力，消除了黨和國家內部存在的嚴重隱患，黨內政治生活氣象更新，黨內政治生態明顯好轉，黨的創造力、凝聚力、戰鬥力顯著增強，黨的團結統一更加鞏固，黨群關係明顯改善，黨在革命性鍛造中更加堅強，煥發出新的強大生機活力，為黨和國家事業發展提供了堅強政治保證。

如今，中國特色社會主義進入了新時代，我們黨正以嶄新的姿態帶領全國各族人民踏上建設社會主義現代化強國、實現中華民族偉大復興中國夢的新征程。新時代新征程新目標新任務，對黨的建設提出了新的更高要求，這就要求我們黨必須進一步深化自我革命、從嚴管黨治黨，始終成為時代先鋒、民族脊樑，始終成為走在時代前列、人民衷心擁護、勇於自我革命、經得起各種風浪考驗、朝氣蓬勃的馬克思主義執政黨。正是基於此，習近平總書記在黨的十九大報告中系統闡述了新時代黨的建設的總要求，強調必須堅持黨對一切工作的領導，必須牢記全面從嚴治黨永遠在路上。

三、貫徹落實新時代黨的建設總要求，積極推進全面從嚴治黨向縱深發展

在黨的十九大報告中，習近平總書記深刻總結了全面從嚴治黨的創新成果和成功經驗，立足新時代黨的建設的問題挑戰和發展趨勢，著眼於推進新時代偉大事業、完成新時代偉大使命、建設新時代偉大工程，發出了「全面從嚴治黨永遠在路上」的莊嚴宣示，表達了新時代中國共產黨人堅定不移推動全面從嚴治黨向縱深發展的堅定意志。

（一）新時代必須堅定不移推動全面從嚴治黨向縱深發展

　　進入新時代，中國共產黨人絕不只是要高歌盛世、歡慶成功，更要登高望遠、居安思危，因為我們面臨的不僅是輝煌成就，更有嚴峻挑戰。

　　從黨和國家的事業來看，發展不平衡不充分的問題非常突出，影響新發展理念的因素普遍存在，國家治理體系和治理能力有待加強，社會文明水準尚需大幅提高，意識形態領域鬥爭嚴峻複雜，民生領域還有諸多短板難題，城鄉發展和收入差距依然較大，社會公共服務不能滿足人民需要，國家安全面臨不少新情況，這些問題和挑戰對黨的領導能力和水準、執政方式和本領提出了新的更高要求。

　　從黨自身發展來看，新時代黨的執政環境更加複雜，影響黨的先進性、弱化黨的純潔性的因素長期存在，思想、組織和作風不純的問題沒有得到根本解決，「四大考驗」長期而複雜，「四大風險」尖銳而嚴峻，如果黨不保持堅定的政治定力，不加強和完善自身建設，不練就金剛不壞之身，就不能確保長期執政，更遑論成為推進偉大事業、實現偉大夢想的領導核心。

　　也就是說，黨要實現自己的偉大使命，就必須毫不動搖地推進黨的建設新的偉大工程，把黨建設得更加堅強有力。這就要堅持問題導向，保持戰略定力，堅定不移地推動全面從嚴治黨向縱深發展，不斷增強黨的政治領導力、思想引領力、群眾組織力、社會號召力，使黨永葆旺盛生命力和強大戰鬥力，以堅強領導和頑強奮鬥，凝聚起實現偉大夢想的磅　力量。

（二）堅持新時代黨的建設總要求積極推進全面從嚴治黨

習近平總書記根據新的實踐要求和時代特徵對新時代黨的建設總要求作出新闡述：堅持和加強黨的全面領導，堅持黨要管黨、全面從嚴治黨，以加強黨的長期執政能力建設、先進性和純潔性建設為主線，以黨的政治建設為統領，以堅定理想信念宗旨為根基，以調動全黨積極性、主動性、創造性為著力點，全面推進黨的政治建設、思想建設、組織建設、作風建設、紀律建設，把制度建設貫穿其中，深入推進反腐敗鬥爭，不斷提高黨的建設品質，把黨建設成為始終走在時代前列、人民衷心擁護、勇於自我革命、經得起各種風浪考驗、朝氣蓬勃的馬克思主義執政黨。這個總要求，完整系統地闡述了新時代黨的建設的指導方針、主線、統領、根基、著力點、總目標和新佈局，使黨的建設要求更加全面、佈局更加完善、目標更加清晰，體現了黨的建設的與時俱進，明確了新時代黨的建設的基本遵循。

新時代黨的建設總要求明確提出了黨要管黨、全面從嚴治黨這一黨的建設指導方針，凸顯了全面從嚴治黨在偉大工程中的靈魂和關鍵地位。加強黨的全面領導是發展新時代偉大事業的根本保證，貫徹黨的全面領導就必須堅持黨要管黨、全面從嚴治黨，堅決反對鬆懈、怠慢甚至停滯黨的建設的思想和做法，確保黨能夠始終跟上新時代的步伐，適應新時代的要求，發揮更強的凝聚力、創造力和領導力。

堅持我們黨的鮮明品格，貫徹全面從嚴治黨的基本方略。全黨必須始終以黨章為根本遵循，把政治建設擺在黨的建設首要位置，堅持思想建黨和制度治黨同向發力，統籌推進黨的政治思想組織作風紀律等各項建設，牢牢抓住「關鍵少數」，始終不渝地堅持「三嚴三實」，

堅定正確地貫徹民主集中制，嚴肅黨內政治生活，嚴明黨的紀律，強化黨內監督，發展積極健康的黨內政治文化，全面淨化黨內政治生態，堅決糾正各種不正之風，以零容忍態度懲治腐敗，更加自覺地堅定黨性原則，勇於直面問題，敢於刮骨療毒，消除一切損害黨的先進性和純潔性的因素，清除一切侵蝕黨的健康肌體的病毒，不斷增強黨自我淨化、自我完善、自我革新、自我提高的能力，確保黨始終走在時代前列，始終成為全國人民的主心骨，始終成為堅強領導核心。

（三）把新時代全面從嚴治黨的重大部署落到實處

全面從嚴治黨，是以習近平同志為核心的黨中央結合中國特色社會主義發展不斷提升黨的自我修養能力、執政本領以及化解風險能力的自我革命，是對新時代黨和國家面臨的機遇與挑戰的積極應對以及對國內國際發展風險的主動化解。

我們一定要在習近平新時代中國特色社會主義思想的指導下，全面貫徹落實全面從嚴治黨的各項重大部署。一是要切實把黨的政治建設擺在首位，保證全黨服從中央，堅持黨中央權威和集中統一領導，堅定執行黨的政治路線，嚴格遵守政治紀律和政治規矩，在政治立場、政治方向、政治原則、政治道路上同黨中央保持高度一致。二是要用習近平新時代中國特色社會主義思想武裝全黨，把堅定理想信念作為黨的思想建設的首要任務，教育引導全黨自覺做共產主義遠大理想和中國特色社會主義共同理想的堅定信仰者和忠實實踐者，用黨的創新理論武裝頭腦，推動全黨更加自覺地為實現新時代黨的歷史使命不懈奮鬥。三是要建設高素質專業化幹部隊伍，堅持黨管幹部原

則，堅持德才兼備、以德為先，堅持五湖四海、任人唯賢，堅持事業為上、公道正派，把好幹部標準落到實處，突出政治標準，提拔重用牢固樹立「四個意識」和「四個自信」、堅決維護黨中央權威、全面貫徹執行黨的理論和路線方針政策、忠誠乾淨擔當的幹部。四是要加強基層組織建設，以提升組織力為重點，突出政治功能，把企業、農村、機關、學校、科研院所、街道社區、社會組織等基層黨組織建設成為宣傳黨的主張、貫徹黨的決定、領導基層治理、團結動員群眾、推動改革發展的堅強戰鬥堡壘。五是要持之以恆正風肅紀，緊緊圍繞保持黨同人民群眾的血肉聯繫，增強群眾觀念和群眾感情，不斷厚植黨執政的群眾基礎，繼續整治「四風」問題，堅決反對特權思想和特權現象，重點強化政治紀律和組織紀律，帶動廉潔紀律、群眾紀律、工作紀律、生活紀律嚴起來。六是要奪取反腐敗鬥爭壓倒性勝利，以反腐敗永遠在路上的堅韌和執著，深化標本兼治，保證幹部清正、政府清廉、政治清明，確保黨和國家長治久安；要堅持無禁區、全覆蓋、零容忍，堅持重遏制、強高壓、長震懾；強化不敢腐的震懾，紮牢不能腐的籠子，增強不想腐的自覺。七是要健全黨和國家監督體系，加強對權力運行的制約和監督，讓人民監督權力，讓權力在陽光下運行，把權力關進制度的籠子；構建黨統一指揮、全面覆蓋、權威高效的監督體系，把黨內監督同國家機關監督、民主監督、司法監督、群眾監督、輿論監督貫通起來，增強監督合力。八是要全面增強執政本領，全黨必須增強學習本領、政治領導本領、改革創新本領、科學發展本領、依法執政本領、群眾工作本領、狠抓落實本領、駕馭風險本領。通過這些努力，把全面從嚴治黨推向縱深發展，全面推進新時代黨的建設新的偉大工程順利發展。

後　記

　　2017 年 10 月召開的黨的十九大，在中國共產黨的歷史、中華人民共和國的歷史、中華民族偉大復興的歷史上，都具有劃時代的重大意義。這次大會最重要的貢獻就是明確提出了習近平新時代中國特色社會主義思想，制定了新時代堅持和發展中國特色社會主義的基本方略，形成了全黨全國人民為實現中華民族偉大復興而奮鬥的行動指南。深入學習和貫徹落實黨的基本理論、基本路線、基本方略，是全黨同志首要的政治任務，是黨的理論工作者必須承擔的歷史責任。

　　在黨的十九大召開之前，我就開始從理論上為學習和宣傳做一系列前期準備工作，出版了《核心，凝聚中國力量》一書，從歷史和現實、理論和實踐、國內和國際的不同層面上解讀習近平同志的核心地位；在《人民日報》《光明日報》、人民網、光明網等媒體上發表《深刻理解中國特色社會主義進入新發展階段的內涵和意義》《全面從嚴治黨讓黨風政風呈現全新氣象》《「中國夢」理論建構中的「融通」思維》等理論文章。

　　黨的十九大召開後，我在第一時間應邀到新華社、中央電視臺、江蘇電視臺、天津電視臺、求是網等機構進行現場解讀或錄製節目；在報刊雜誌上發表《習近平新時代中國特色社會主義思想的發生邏輯》《習近平新時代中國特色社會主義思想的生成機制和思想要義》《新時代堅持和發展中國特色社會主義的行動指南》《中國化馬克思主義黨建理論的重大創新》《新時代中國特色社會主義的政治宣言和行動綱領》等理論文章；在中國社會科學院研究生院和相關院所做宣講報告或學術講座，學習宣傳黨的十九大精神。

　　與此同時，我根據有關黨組織的安排，擔任中央和國家機關工委、北京市委、國家網信辦、中國社科院等機構的十九大精神宣講團成員，在諸多機構進行宣講活動。在宣講活動中，黨的基本方略是一個重要內容，每次宣講都會根據不同的聽眾對象對十四個堅持的基本方略有所側重地進行解讀。這本書中的很多篇章就是宣講錄音稿的整理。

　　不久前，人民日報出版社的周海燕編輯約我圍繞新時代中國特色社會主義基本方略問題，組織撰寫一個解讀性的書稿。於是，我根據自己在十九大之後宣講、發表的有關內容，邀請一批青年學者進行研討交流並協助我整理講稿、文章和討論稿。參加討論交流、初稿起草、文稿整理的先後有文大山、周俊勝、張琳琳、王東紅、李張容、于國輝、王小擁、黃薇、夏靜雷、方正、趙振輝、金卓、王劍鋒、李雪、王麗娟等，他們有的是在讀的博士生，有的是已經畢業參加工作的博士，有的是同我合作的博士後，對於他們的辛勤勞動深表感謝。在他們整理的基礎上，我進行全面的修改、完善或重寫，形成了這本書。

　　黨的基本方略、基本理論、基本路線既具有現實指導意義，也具有深刻理論內涵，既需要不折不扣地貫徹落實，也需要深入認真地分析研究，真正按照習近平總書記所要求的學懂弄通做實。為此，這本書力圖將政治高度與思想深度、理論宣講與學術研究、導向正確與邏輯嚴謹結合起來，說明讀者全面準確地理解黨的最新理論成果，又結合新的實踐和理論問題進行深入思考。希望我們的意圖不會落空。

　　最後，感謝人民日報出版社的董偉社長、彭國華副社長和周海燕主任等為本書所做的辛勤努力。

2018 年 8 月

新社會主義研究叢刊　　AA201026

治國方略十四講

作　　　者　金民卿
版權策劃　李換芹

發 行 人　林慶彰
總 經 理　梁錦興
總 編 輯　張晏瑞
編 輯 所　萬卷樓圖書（股）公司
排　　版　小漁
封面設計　小漁
印　　刷　百通科技（股）公司

出　　版　昌明文化有限公司
　　　　　桃園市龜山區中原街 32 號
電　　話　(02)23216565
發　　行　萬卷樓圖書（股）公司
　　　　　臺北市羅斯福路二段 41 號 6 樓之 3
電　　話　(02)23216565
傳　　真　(02)23218698
電　　郵　SERVICE@WANJUAN.COM.TW
大陸經銷
廈門外圖臺灣書店有限公司
電郵 JKB188@188.COM

ISBN 978-986-496-560-1（平裝）
2020 年 3 月初版一刷
定價：新臺幣 420 元

如何購買本書：
1. 劃撥購書，請透過以下帳號
　　帳號：15624015
　　戶名：萬卷樓圖書股份有限公司
2. 轉帳購書，請透過以下帳戶
　　合作金庫銀行古亭分行
　　戶名：萬卷樓圖書股份有限公司
　　帳號：0877717092596
3. 網路購書，請透過萬卷樓網站
　　網址 WWW.WANJUAN.COM.TW
　　大量購書，請直接聯繫，將有專人
　　為您服務。(02)23216565 分機 610

如有缺頁、破損或裝訂錯誤，請寄回
更換

國家圖書館出版品預行編目資料

治國方略十四講/金民卿著 -- 初版.
-- 桃園市：昌明文化出版；臺北市：
萬卷樓發行, 2020.03
面；　公分
ISBN 978-986-496-560-1 （平裝）
1.中國共產黨　2.中國大陸研究

576.25　　　　　　　　　109003282

《治國方略十四講》©簡體中文版2018年8月第1版　人民日報出版社
本著作物經廈門墨客知識產權代理有限公司代理，由人民日報出版社有限責任公司授權萬卷樓圖書股份
有限公司（臺灣）出版、發行中文繁體字版版權。